中国式现代化视域下数字社会治理研究

Research on Digital Social Governance from the Perspective of CHINESE MODERNIZATION

王 雨 著

图书在版编目(CIP)数据

中国式现代化视域下数字社会治理研究 / 王雨著. 北京 : 北京大学出版社, 2024. 8. -- ISBN 978-7-301-35400-1

Ⅰ. D63-39

中国国家版本馆 CIP 数据核字第 2024J4E347 号

书　　　名	中国式现代化视域下数字社会治理研究 ZHONGGUO SHI XIANDAIHUA SHIYU XIA SHUZI SHEHUI ZHILI YANJIU
著作责任者	王　雨　著
责 任 编 辑	尹　璐
标 准 书 号	ISBN 978-7-301-35400-1
出 版 发 行	北京大学出版社
地　　　址	北京市海淀区成府路 205 号　100871
网　　　址	http://www. pup. cn　　新浪微博：@北京大学出版社
电 子 邮 箱	zpup@ pup. cn
电　　　话	邮购部 010-62752015　发行部 010-62750672 编辑部 021-62071998
印　刷　者	河北博文科技印务有限公司
经　销　者	新华书店 965 毫米×1300 毫米　16 开本　16. 75 印张　210 千字 2024 年 8 月第 1 版　2024 年 8 月第 1 次印刷
定　　　价	68. 00 元

前　言

近年来，数字技术的快速发展和普及应用为治理数字化发展提供了强大驱动力，对经济发展、治理方式等产生了重大影响，引发了人们对社会治理模式转变的思考。党的十九届五中全会提出，要“加快数字化发展”“加强数字社会、数字政府建设，提升公共服务、社会治理等数字化智能化水平”。《中华人民共和国国民经济和社会发展第十四个五年规划和 2035 年远景目标纲要》也对“加快数字化发展，建设数字中国”等内容作出具体部署，提出要以数字化驱动生产方式、生活方式和治理方式变革。

2020 年 3 月，习近平总书记在浙江杭州城市大脑运营指挥中心考察调研时强调，运用大数据、云计算、区块链、人工智能等前沿技术推动城市管理手段、管理模式、管理理念创新。[①] 2021 年 4 月，中共中央、国务院印发《中共中央、国务院关于加强基层治理体系和治理能力现代化建设的意见》。该意见在“加强基层智慧治理能力建设”部分指出，提高基层治理数字化智能化水平。研究数字治理理论和实践，推动社会治理数字化发展已经成为当今社会的一项重

① 王琦等：《让城市更聪明更智慧——习近平总书记浙江考察为推进城市治理体系和治理能力现代化提供重要遵循》，https：//www. gov. cn/xinwen/2020-04/04/content_5499045. htm，2023 年 10 月 1 日访问。

要课题。社会治理数字化发展是促进治理精准化、精细化和便民服务智慧化，构建社会治理新格局，推进治理体系和治理能力现代化的有效措施，意义重大。相较于传统治理经验，数字技术在社会治理过程中形成的解决方案，具有“非人格化”的特征，能够较好地在不同地区进行推广和复制，有助于快速提高欠发达地区的社会治理水平。目前，全国各地社会治理数字化发展已经取得一定成效，但是作为一项复杂的系统工程，特别是随着信息技术与经济社会的结合越来越紧密，社会治理边界日益扩大，治理难度逐渐增加，治理紧迫度将会不断增强。总体来看，数字治理作为新的治理范式，如何客观地认识数字技术在社会治理中的运用，探讨其存在的利弊，对推进社会治理现代化具有重要的理论和现实意义。

数字社会治理是国家治理现代化的重要组成部分，如何在中国式现代化范式的引领下，认识数字社会治理的历史方位和发展路向，是有待研究的新问题。党和国家高度重视数字社会治理，对构筑共建共治共享的数字社会治理体系进行了全面的战略部署。党的二十大报告提出以中国式现代化全面推进中华民族伟大复兴的使命任务，为推进社会治理现代化的实践创新与理论研究提供了新的总体战略指导与知识框架。2023 年 2 月，中共中央、国务院印发《数字中国建设整体布局规划》，强调要加快构建新发展格局，以数字化驱动生产生活和治理方式变革，为以中国式现代化全面推进中华民族伟大复兴注入强大动力；全面赋能经济社会发展，推进数字社会治理精准化。因此，探索中国式现代化视域下数字社会治理正当其时，且势在必行。

数字化和智能化正在成为全球社会发展的重大趋势。数字技术已经深入到我们生活的方方面面，无论是个人、组织还是政府，都需要加强数字化转型，以应对数字时代带来的挑战和机遇。在数字社会治理中，数字技术被广泛应用于监管、服务、安全保障等方面，这对于提高社会治理效能和服务水平具有重要意义。但是，数字社会治理也面临着诸多挑战，如数字鸿沟、数字隐私和数据安全等问题。因此，数字社会治理需要不断地加强创新，建立和完善数字治理体系，以适应数字时代的快速发展。

本书从数字技术赋能中国式现代化新实践的战略意义出发，挖掘中国式现代化视域下数字社会治理的内在逻辑，进而建构符合实际的社会治理范式，为推进社会治理现代化提供可资借鉴的理论基础和实践经验。本书主要探讨中国式社会治理现代化的宏观模式、数字治理的理论阐释、数字社会治理推进中国式现代化的价值意蕴、中国式现代化视域下数字社会治理的内在逻辑、数字赋能社会治理现代化的创新实践、中国式现代化视域下数字社会治理面临的现实问题、中国式现代化视域下推进数字社会治理的实践进路等内容，希望能够对中国式现代化视域下推进数字社会治理贡献一己之力，为从业者更好地展开这一内容的研究提供一定的资料和参考。

目录

CONTENTS

第一章　中国式社会治理现代化的宏观治理模式 // 001
第一节　坚持以人民为中心的社会治理 // 003
第二节　构建共建共治共享的社会治理格局 // 038
第三节　“三治融合”推进社会治理现代化 // 045
第四节　“一核引领、多元共治”推动社会治理创新 // 059
第五节　“科技赋能”的社会治理数字化 // 064

第二章　数字治理的理论阐释 // 073
第一节　数字治理理论的发展沿革 // 075
第二节　数字治理理论的学术史梳理 // 080
第三节　数字治理理论的主要类型 // 085
第四节　数字治理理论及实践的研究动态 // 117

第三章　数字社会治理推进中国式现代化的价值意蕴 // 129
第一节　激发社会治理创新和先行先试的潜力 // 131
第二节　着眼效率提升，推动管理服务升级 // 137
第三节　助力构建共享、开放、协同的治理生态 // 145

第四章　中国式现代化视域下数字社会治理的内在逻辑 // 153
第一节　数字社会治理现代化是中国式现代化的重要引擎 // 155

第二节　中国式现代化催生数字社会治理手段的变革 // 159
第三节　中国式现代化推动数字社会治理模式的迭代升级 // 175

第五章　数字赋能社会治理现代化的创新实践 // 183
第一节　数字赋能治理理念，构建社会治理新格局 // 185
第二节　数字赋能治理技术，助力社会治理提速增效 // 196

第六章　中国式现代化视域下数字社会治理面临的现实问题 // 203
第一节　对数字社会治理认识不全面 // 205
第二节　数字社会治理制度不够完善 // 206
第三节　社会治理数据共享开放存在堵点 // 208
第四节　社会治理应用场景数字化供给能力不足 // 212
第五节　数据监管与数据安全保障不到位 // 215
第六节　领导干部数字治理能力相对不足 // 222

第七章　中国式现代化视域下推进数字社会治理的实践进路 // 227
第一节　坚持党建引领社会治理，夯实数字社会治理规划与顶层设计 // 229
第二节　构建中国特色社会治理制度，健全社会治理数字化体系 // 233
第三节　释放数据共享开放效能，推动跨部门数据共享与业务协同 // 238
第四节　布局“数字新基建”，打造社会治理跨场景应用 // 241
第五节　提升领导干部数字素养，增强数字治理能力 // 245

参考文献 // 253

后　记 // 259

第一章

中国式社会治理现代化的宏观治理模式

第一节　坚持以人民为中心的社会治理[①]

一、以人民为中心基本方略和社会治理理论的内在联系

社会治理是当今社会科学领域研究的重大课题，关注社会现代化和人民生活高质量发展等问题，极具时代性和专业性。党的十九大报告强调将以人民为中心基本方略贯彻于新时代中国特色社会主义建设的各项事业中，这也为社会治理明确了方向。研究以人民为中心基本方略指导下的社会治理理论，需要明晰社会治理和以人民为中心基本方略的相关概述，分析两者之间的关系，以便更深入地探讨。

（一）社会治理理论

1. 治理

“治理”是西方国家常用的词汇，“治理”一词从古希腊语“Kubernaein”、古拉丁语“gubernare”逐步演化而来，指在特定场

① 郭晔：《论中国式社会治理现代化》，载《治理研究》2022 年第 3 期。

域内对权威的操控和引导。20世纪90年代以来，社会组织的力量不断壮大，越来越多地参与公共事务，学术界根据这一现象重新审视政府与社会、市场之间的关联性，并对“治理”进行了多种界定。例如，詹姆斯·N. 罗西瑙（James N. Rosenau）认为治理不是强调权威的决定性，而是在特定目标下社会各主体之间的协作、互动。[①] 有些学者认为治理是政府适当放权并给予公民一定话语权。经过深入的研究，联合国全球治理委员会在《我们的全球伙伴关系》（Our Global Neighborhood）报告中对“治理”作出了较为权威的表述：“治理是各种各样的个人团体——公共的或个人的——处理其共同事务的总和。”[②] 总体而言，治理是一个包含社会各主体在公共领域共同发挥作用的政治过程，它是一种动态的、相对的发展。[③]

2. 社会治理

“社会治理”是治理理论的中心名词，是政府和其他社会主体通过多样化渠道及合法方式对社会各项进程进行规划、管理，以有效获得人民期盼的公共效益的过程，是社会管理形式的升级。由“社会管理”到“社会治理”不仅仅是名词上的变更，更多的是在理念、目标和方式等层面上表现的新高度，于理念而言，社会治理凸显的是多方主体下的自治，由政府、社会组织、企事业单位等团体及个人协同治理，突破了过去社会管理自上而下的管理局限，强调上下双向联动，既注重人民共同参与又充分彰显公平公正；就治理方式来说，社会治理改变了过去单一的政府行政方式，综合采用依

---

① 〔美〕詹姆斯·N. 罗西瑙：《没有政府的治理》，张胜军、刘小林等译，江西人民出版社2001年版。

② The Commission on Global Governance, *Our Global Neighborhood*, Oxford University Press, 1995.

③ 张晓：《数字化转型与数字治理》，电子工业出版社2021年版，第16页。

法治理、系统治理、源头治理等形式，提高了科学性和整体性，且注重以制度化建设推动治理工作的高效进行。目前，我国学术界对社会治理概念虽尚未统一，但普遍认可社会治理是以解决社会矛盾、维护人民利益为目的，由党政主导、各方主体共同参与治理公共事务的过程。

3. 社会治理理论发展历程

2013 年，党的十八届三中全会首次提出“创新社会治理体制”的要求，之后有关治理的新理念新思想不断发展，展开了我国社会治理研究的新局面。全会提出：“创新社会治理，必须着眼于维护最广大人民根本利益，最大限度增加和谐因素，增强社会发展活力，提高社会治理水平”。“社会治理”由此进入国家政策层面并作为深化改革的重点任务，以人民幸福需求的满足、社会安定的维护和社会和谐因素的增加为目标，明确了社会治理的发展指向。2014 年 3 月习近平总书记在全国两会参加上海代表团审议时强调，创新社会治理“关键在体制创新，核心是人”，社会是人和人的集合体，只有处理好社会群体间的关系，保持生活的有序和睦才能进行有效社会治理，把握人的核心是社会治理的本质所在。除了关注治理的人民性，党中央在讨论全面依法治国的重要决定时，也强化用法的理念和准则进行治理建设，提出“坚持系统治理、依法治理、综合治理、源头治理，提高社会治理法治化水平”，由此更加注重社会治理方式、手段上的多样性。党的十八届五中全会强调推进社会治理的精细化，社会矛盾的多样性是影响社会和谐的重要因素，要想化解矛盾，很重要的一点就在于解决人民诉求。具体围绕人民的发展需求来展开，以精细化的社会治理着眼于群众的实际性需求，增强人民满足感，保障治理的质量。

着眼于新时代的前景，党的十九大提出构建共建共治共享的社会治理格局，提升社会治理社会化、法治化、智能化、专业化水平，以全局性视角审视当前形势，突出治理的目标，实现现代化的社会治理。顺应当前社会治理现代化呈现的良好发展态势，党的十九届四中全会进一步突出建设人人有责、人人尽责、人人享有的社会治理共同体，并以人民内部矛盾化解机制、公共安全体系和基层治理新格局等完善社会治理系统，加快了社会治理理论的前进步伐。

《中华人民共和国国民经济和社会发展第十四个五年规划和2035年远景目标纲要》中，要求继续围绕增进民生福祉，不断提升共建共治共享的治理水平，加强社会多层次社会保障体系建设，不断优化社会公共服务体系，更加关注妇女、未成年人和残疾人的基本权益等。在国家推进社会治理的进程中，相关政策与理论也在深化和创新中逐渐完备。

（二）以人民为中心基本方略

1. 以人民为中心基本方略的内涵

中国共产党历来坚持以民为本，注重对国家政策中基本方略的制定和规划，基本方略为国家治理提供了行动向导和顶层规划，科学的基本方略制定是实现中国式现代化的重中之重。党中央从人民期待入手，致力于实现人民对美好生活的向往，把人民利益作为国家各方面建设的关注重心。党的十九大明确把以人民为中心作为基本规划方略，充分彰显了在治国政策中的基础性地位。为此，顺利推进我国民族复兴伟业必须理解以人民为中心基本方略的内涵要义。党的十九大报告指出：“必须坚持人民主体地位，坚持立党为公、执政为民，践行全心全意为人民服务的根本宗旨，把党的群众路线贯彻到治国理政全部活动之中，把人民对美好生活的向往作为奋斗目标，依靠人民创造历史伟业。”在这句话里，可以提炼出发展为了人民、发展依靠人民、发展由人民共享这三个体现人民主体性的深刻内涵，与以人民为中心基本方略的内在意蕴不谋而合。要坚定对人民主体地位的认可，站在新的历史方位，以习近平同志为核心的党中央继续把人民作为党的执政底气，旗帜鲜明地站在人民群众的立场上。

以人民为中心基本方略坚持一切为民的工作导向，密切关注人民的生活，围绕人民谋发展，以法律保障人民利益的取得和人民意志的实现。依靠人民、发挥群众主动性作用也是以人民为中心基本方略的重要内涵，依靠人民进行创新建设是我们党向来秉承的工作理念。早在中国革命时期毛泽东就强调中国的攻坚伟业必须获取人民的支持和参与，要依靠人民为改革事业奉献出源源不断的智慧源泉。要稳固党的发展根基，倾听群众意愿，做到不脱离群众，激发群众自治来推动社会创新性发展。以人民为中心基本方略高度强调发展为了人民，实现人民的利益，回答了“为了谁”的问题。我们党始终把改善人民生活、增进人民福祉作为一切工作的出发点和落脚点。在各项治理工作中，党秉持为民服务、对民负责的态度，从群众关注的实事热点入手，以实际行动解决群众所需并促进共享，保障人民拥有获得感。党和政府应注重对群众诉求的回应和群众满意度的提升，不做表面工作，真正把“为了人民”放在心里，行动于实际中，将目光落在民生发展上，主动关怀群众，问政于民，推进各项工作更有成效。

2. 以人民为中心基本方略的特征

（1）继承性

不忘初心，方得始终。2012 年，习近平在参观《复兴之路》展览后，坚定有力地声明为中国人民谋幸福的初心。这个初心是激励党和国家不懈奋斗的根本驱动力。毛泽东历来坚持人民群众是创造历史的唯物史观，他鲜明地提出："人民，只有人民，才是创造世界历史的动力。"[①] 毛泽东早前就以"战争的伟力之最深厚的根源，存在于民众之中"[②] 激发人民群众的主动性，与人民群众共同争取国家独立。社会历史形态的演进正是由于广大群众巨大的推动力，以毛泽东为代表的中国共产党人充分意识到人民的重要性，提出"全心全意为人民服务，一刻也不脱离群众"，并将这一思想以党章形式作为党和军队的一切行动宗旨。在此基础上，以人民为中心基本方略持续强调承担为民服务的责任，时刻铭记人民的突出作用。

随着时代主题从战争和革命转变为和平与发展，以邓小平为代表的中国共产党人立足经济发展这一要点，通过改革开放丰富人民的物质生活，将"三个有利于"作为衡量改革开放和发展工作的重要准绳。以人民为中心基本方略在实施中以经济发展的共享性和包容性促进成果由全民共享，通过科学统筹战略布局中的各项任务，让人民拥有更真切的获得感。以江泽民同志为核心的党的第三代中央领导集体提出了"三个代表"重要思想，体现了生产力的发展对社会进步的推动性、群众意识领域增长的需求以及人民利益的至高无上性。党的十七大对"以物为本"的发展方式提出反思，确立了"以人为本"的发展观。在这一价值理念中，"发展"是第一要义，"人民"是发展紧紧围绕的核心，强调人民是经济发展的依托力，从人民角度出发统筹兼顾各领域发展，深刻回应了发展为了谁、依靠谁的问题以及发展目标是人类生存的可持续性。2012 年以来，党继

① 《毛泽东选集》第 3 卷，人民出版社 1991 年版，第 1031 页。
② 《毛泽东选集》第 2 卷，人民出版社 1991 年版，第 511 页。

续以人民为各项工作开展的起点，将工作落实到人民期待的更好的教育和工作、更加绿色的生活环境和更多明确的实事上，是新时代进一步发展的基础。以人民为中心基本方略体现了历代领导集体人民本位思想的薪火相传，是在以往思想发展基础上的凝练表述，具有历史继承性。

（2）时代性

党的十九大报告中分析了十八大以来的五年的工作和历史性变革，表明了我国已开启全面建设社会主义现代化国家新征程，在党和人民的艰辛探索下我国步入了新时代。这一时代历程的演进，既是改革开放深入攻坚发展的必然趋势，也意味着社会建设朝着新的时代潮流前进。不同的时代存在不同的问题，需要并产生不同的理论话语。理论话语需要回应时代之问，富有时代特征，成为时代变革和前进的指向。恩格斯说："每一个时代的理论思维，包括我们这个时代的理论思维，都是一种历史的产物，它在不同的时代具有完全不同的形式，同时具有完全不同的内容"[①]。以人民为中心基本方略保持人民立场不会变，基于当今时代的现实要求和变化，及时回应时代呼声，解答时代提出的重大课题，不断丰富其内涵要义，为更全面地推进社会主义现代化建设提供科学的策略和规划。我们当前所处的新时代是争取中国特色社会主义胜利、创造美好生活、让人民充分发展的时代，是为了人民，并依靠人民共同奋斗的时代。

党的十八大以来，以习近平同志为核心的党中央以问题和时代为发展导向，明确以人民为中心基本方略的人民立场，并依靠人民引领社会主义发展的深刻变革。新时代我国主要矛盾已经转化为人

① 《马克思恩格斯选集》第 3 卷，人民出版社 2012 年版，第 873 页。

民日益增长的美好生活需要和不平衡不充分的发展之间的矛盾。党的十九大报告指出："人民美好生活需要日益广泛，不仅对物质文化生活提出了更高要求，而且在民主、法治、公平、正义、安全、环境等方面的要求日益增长。"① 新时代人民对原来的物质文化需要没有消失，而是呈现出升级态势，新生的主观需求则呈现多样化、多层次、多方面的特点，从精神文化到政治生活、从现实经济和社会地位到心理预期和价值认同等方面，对共同富裕、生态优美、人的全面发展和社会全面进步都提出了相应的要求。在这一社会主要矛盾中，人民美好需求高层次、多样化的外延性扩增是需要在发展起来的社会进程中实现的，要想解决这一新时代的主要矛盾，除了要坚持一以贯之的人民立场之外，还需要不断与时俱进。以人民为中心基本方略正是基于对社会主要矛盾的解决提出的，只有把握时代脉搏，才能让人民过上更加理想、更有追求性的生活。

（3）全局性

习近平总书记曾指出："以人民为中心的发展思想，不是一个抽象的、玄奥的概念，不能只停留在口头上、止步于思想环节，而要体现在经济社会发展各个环节。"② 这一基本方略凝聚各方面以人为本核心共识，主题鲜明，内涵在实践中不断深化丰富，形成了一个理论结构严谨的整体，贯穿于新时代社会主义实践各领域和阶段性建设中。在经济建设方面，建设经济各领域的过程始终围绕人民这一中心主体，通过创新发展，充分利用人民的创造力和想象力，明

---

① 《习近平：决胜全面建成小康社会 夺取新时代中国特色社会主义伟大胜利——在中国共产党第十九次全国代表大会上的报告》，https：//www. gov. cn/zhuanti/2017-10/27/content_5234876. htm，2023 年 10 月 1 日访问。

② 中共中央文献研究室编：《习近平关于社会主义社会建设论述摘编》，中央文献出版社 2017 年版，第 13 页。

确创新发展重点，从而为人民提供更多更好的发展成果。通过协调发展，摒弃城乡之间二元发展的模式，实现城乡一体化发展，协同各地区之间的发展，缩小地区之间的差距，协调经济和社会的发展，推动社会取得整体进展。通过绿色发展，实现人民群众更富、生态环境更美。通过开放发展，利用好国际国内两个市场、两种资源，让人民群众的生活过得更有质量、更上一层楼。通过共享发展，让人民尽享时代成就，实现更充分的发展。在政治决策方面，表现为“用制度体系保证人民当家作主”，以坚定的人民立场推进“四个全面”“五位一体”战略实施纵深发展，在改革发展稳定、内政外交国防、治党治国治军等方面，努力达到顶层设计与系统整合的统一。以人民为中心不仅体现在物质层面，还体现在精神层面。在文化建设中，坚持以人民为中心的导向原则，坚定文化自信，促进人民精神文化素养的提升。在社会领域，表现为反映群众呼声，解民生之忧，为民办实事。在生态建设上，构建人与自然共同体，坚持生态为民，做好人类事业发展的生态蓄能。以人民为中心基本方略需要遵循部分和整体、单一和综合相统一的原则，以全局性思维推进社会协调发展和进步。

（三）以人民为中心基本方略与社会治理理论的内在联系

2019 年 1 月，习近平总书记在中央政法工作会议上作出了坚持以人民为中心的发展思想，加快推进社会治理现代化的指示。以人民为中心基本方略作为新时代保障国家“强起来”以及现代化建设的重要策略，为社会治理提供了发展方向和价值指引。党的十九届四中全会关于社会治理共同体的主张，明确了社会治理在目标引领、动力和实践发展中紧紧围绕人民，以人民为中心基本方略蕴含于社会治理理论中的内涵要义得到充分体现。同时，推进社会治理理论在实践中不断完善，有利于社会发展阶段性目标的达成和人的全面发展的渐趋实现，集中体现了以人民为中心基本方略的理念，因此以人民为中心基本方略与社会治理理论具有一定的内在关联。

1. 以人民为中心基本方略为社会治理理论提供价值导向

我国把充实人民的获得感、幸福感和安全感作为有效社会治理的发展目标，彰显了以人民为中心基本方略在我国社会治理理论中的价值导向作用。我国的治理始终围绕着改善民生的发展主线，从计划经济时期政府统筹调配社会资源来加强工业建设、以工促农，到社会主义市场经济时期大力发展经济依靠政府调控和社会辅助化管理，以及全面建设小康时期由政府主导、多元主体参与的社会治理以民生建设为重点，这一系列治理政策的转变都是与时俱进，根据以人民为中心的发展逻辑作出的符合社会主义阶段性建设规律的现实性规划。中华人民共和国成立初期，以人民为中心体现在通过政府的全面化管理加强社会民生建设；改革开放后，政府在决策上听取民意、增强人民的认同感；以人民为中心基本方略强调放权于民，以人民发展为目标。党的十八大以来，关于社会治理方面的创新部署，如建构共建共治共享的治理格局，将治理权利交还于民，并集群众之力惠民生、补短板，以共享发展推动和谐社会的形成。可见，以人民为中心基本方略是数字社会治理理论形成的价值导向。

社会治理是国家治理的重要组成部分，社会治理理论体系必须依照现阶段的发展要求来展开。基本方略的指引有利于形成先进的社会治理理论。我国是一个以人民为中心的国家，人民是中国式现代化的中心，党的十九大对当前社会主要矛盾转变的科学判断，意味着中国进入更加富强、追求人民美好生活的时代，把人民利益的实现放在更突出的位置。以人民为中心基本方略为社会治理提供了方向和道路的指引、方法的价值指导，这就要求社会治理以人的发展现实和市场需求化为基点，注重人民生活品质的提升，由过去的政府单向度管理调整为公民、政府以及社会的多维度互动，让群众参与其中，进行劳动、智慧、资本和管理资源的整合，提高治理方式的系统化、科学化水平，以善治和良法增添社会各领域的建设动力，引导社会治理现代化朝着以人民为中心目标方向前进。

2. 完善社会治理理论是以人民为中心基本方略的重要体现

社会治理理论是在党和国家探索社会治理建设的过程中形成的理论成果，是随着实践和时代需求不断改进、充实的。以人民为中心基本方略是基于对三大建设规律的正确领悟和运用，是党和国家在一切工作中坚守人民主体理念的科学指南。社会治理是社会建设的重要环节，紧紧依照国家指导进行，是坚持以人民为中心基本方略的重要体现。就其目标导向而言，促进公正，提升人民满足感是社会治理追求的价值目标。在这一过程中，治理工作始终注重实现人民的发展权益和解决社会矛盾，处于现代化进程中的社会就需要促进人的自由全面发展。当前社会治理在保障人民治理参与的民主性的同时，还应确保参与过程与结果的公正性，在治理中不断提升群众满意度，处理好工作中遇到的冲突和其他问题，致力于人民美好需求的满足。[①]

公正、幸福感是现代化的社会主体应该具有的心理感受，也是人们的利益需求，以此为治理目标充分体现了发展为了人民的理念。就主体作用来说，治理主体紧紧围绕和依靠人民，人民则积极参与到社会治理的各项事务中，多元化主体共治发展之势逐渐显露。社

① 黄璜、谢思娴、姚清晨：《数字化赋能治理协同：数字政府建设的“下一步行动”》，载《电子政务》2022 年第 4 期。

会治理主体的协作共治是以人民为中心基本方略重视人民主体地位的重要表现，我国当前治理主体由党委政府、社会组织及人民群众构成，党委政府在治理工作中发挥领导作用，代表人民的意志统筹规划社会治理事宜，整合社会利益分配并使之合理化，以人民利益的最大化协调推动社会行稳致远；社会组织具有一定的共商共治、合作参与治理的权利；同时充分肯定人民群众在治理中的重要地位，以有效制度和渠道扩大人民群众的参与度，让人民群众成为国家治理的直接参与者、自主管理者。就治理方式而言，除了坚持人民自治外，社会治理还强调德治和法治的联合。坚持以人民为中心，必须立足于满足公共需求，进行制度安排时首要遵循的是确保人民主权的实现。新时代的社会治理在民主范围内挖掘和利用一切社会资源，合理调整社会利益，以人民性的治理逻辑实现由制度到实践的转化，并通过法治建设将治理制度的执行置于法律监督之下，遵循社会发展秩序，以程序化、法治化的准则维护社会公正，落实以民为本的理念。总的来说，社会治理政策理论始终坚持以人民为中心基本方略的指导，在推进社会发展过程中不断完善为人民谋利益的价值旨归。

二、以人民为中心基本方略指导下社会治理理论的理论渊源与现实依据

以人民为中心基本方略指导下社会治理理论继承了马克思主义以及中国传统民本中蕴含的社会治理建设的思想，在中国共产党人优秀治理经验总结下不断拓展新的内涵。同时，社会治理理论作为时代精神的精华，以新时代要求为依据，以治理实践中的问题为导向，凝练了一系列社会治理建设新理念。

（一）理论基础：马克思主义经典作家的人民主体社会治理思想

以人民为中心基本方略指导下的社会治理理论作为马克思主义中国化的新成果，必然是坚持马克思主义理论指导下的产物。马克思主义经典作家在论述有关国家管理和社会建设方面的内容时，从现实的人和社会出发，把人民主体思维深深融注于治理社会的指导中，产生了有关治理的独特见解。

1. 马克思、恩格斯社会建设思想

马克思、恩格斯创立的唯物史观批判了过去由“绝对精神”或“杰出英雄”创造历史的观点，从有生命的人出发，首次揭示了人民在社会中的决定性作用，充分认识到人民是现实社会的起点。同时，马克思也指出社会建设是有别于国家建设的，人是自由的、主动的个体，社会建设应该是更加注重引导人民自身参与治理，是更偏向于自我治理的模式。国家应将社会治理权力放还于群众，“只有通过人的完全回复才能回复自己本身”[①]，人民把握主体权力，积极进行社会自我建设，以人民强有力的力量推进社会变革。马克思、恩格斯认为国家在社会治理中首先要满足人的需要，有效规范社会秩序，进行社会公共事务管理，注重公平，为无产阶级实践提供了一系列政策规划。恩格斯指出：“工人阶级夺取政权，使整个社会直接占有一切生产资料——土地、铁路、矿山、机器等等，让它们供全体成员共同使用，并为了全体成员的利益而共同使用。”[②]

马克思主义的人民主体思想寓于社会治理思想中。第一，人民是创造一切社会价值的主体。社会治理需要依托人民的实践去创造自身想要生存的环境，人民在治理中能动地进行发展，推动了社会

① 《马克思恩格斯选集》第1卷，人民出版社2012年版，第15页。
② 《马克思恩格斯选集》第4卷，人民出版社2012年版，第272页。

进步和人民价值实现的统一。第二，人民是价值选择和评判的主体。党和国家所制定的方针政策不仅要符合人民的利益，还要在实践中得到全体成员认可，当前社会治理中强调的幸福感、获得感的提升正是基于正确的人民价值判断提出的。马克思在分析道德与利益关系时，打破了义利对立的局面，认可了人民追求正当利益的天然本性。需要和个人利益的满足是人和社会之间一个天然的连接桥梁，人们参与的价值创造活动中本来就是为了获取生产和生活上的满足，是基于一定的利益追求进行的，因而人民理应是价值共享的主体。与此同时，协调人民利益、化解冲突是社会治理的内在要求，政府要利用有关社会职能调节社会，帮扶贫困群体，兼顾各方利益，保证社会资源合理分配。

2. 列宁社会管理思想

列宁继承了马克思主义理论，并细致地考察了苏俄社会主义革命实践，并在其中产生了有关社会治理的思想，彰显了社会主义鲜明的品格特征。他关于管理社会的论述，首先体现在掌握党的领导权，在带领苏维埃夺取革命政权和进行社会主义建设实践中，列宁充分认识到只有无产阶级掌握领导权，保持党的权威性，社会建设才会朝着为民利民方向前进。他认为要赋予党合法性地位，使其转为执政党，一方面，使得整体社会治理工作的运作有了明确的人民导向核心，为治理提供了科学的建设性意见；另一方面，利用党的向心力团结其他社会群体，集中社会力量共同建设社会。[①] 列宁认为正是基于无产阶级专政，人民的主体性才得以保证。其次，列宁认为社会治理要围绕切实的民生实际展开，赋予人民全体平等的发展

① 《列宁全集》第43卷，人民出版社1987年版，第64页。

地位和权利，激发人民主动性并增强人民话语表达权。[①] 例如，列宁主张女性职工也有足够的权利和机会为公共事务发展提建议、做贡献，充分表明了他对人民平等性的强调。列宁在加强社会治理的过程中，指出必须调节社会结构失衡状况，要扶持贫困群体，他认为贫穷不是社会主义，要消除贫穷，因而要解决社会治理中不平衡的发展状况，注重对贫困群体的帮助，促进劳动成果由全体成员享受。列宁在社会管理的相关论述中强调了治理的法治化建设，他主张用法律体现苏俄国家的意志，依靠法律进行有效治理，形成了从立法、司法到执法、监督等较丰富的法律治理策略，以法治确保人民意志的实现，强化了系统性的治理。

列宁的社会治理思想包含一些治理具体运行的行政规划和部署，保证了治理中人民性的充分实现。为了保证人民正当权利的行使，列宁提出进行行政体制改革以调整社会主体结构，他主张党政分开，要划清职权，在党的政治指导下，苏俄机关行使政治权力，避免出现职责不清、权力滥用现象。同时根据矛盾的特殊性，要给予地方一定的自主权解决各地实际治理问题，并精简苏维埃机关以提高治理效率。以此，在党领导治理的总方向下，优化政府作用，在多元主体的驱动下，调配社会建设力量，努力实现官民共治局面。列宁的有关理论是在苏维埃社会主义实践中形成的，十分注重治理的实践性，坚持在社会管理中结合实际开展工作。列宁主张加强知识学习，倡导大家掌握更多塑造自身的本领，提高大众群体的教育文化水平，致力于为社会治理选取人才。列宁以其先进的思想和注重实践的品格，发展了贯彻人民主体理念的社会治理思想，为当代社会

---

① 《列宁全集》第 29 卷，人民出版社 1956 年版，第 287 页。

治理发展提供了重要指导。

（二）思想来源：历届中共领导人的人本社会治理思想

社会治理道路的选择，关乎国家和人民的命运，社会主义社会是一个崭新的社会形态，怎样去发展和治理，需不断探索。中华人民共和国成立以来，中国共产党人始终坚持人民当家作主，将占人口大多数的广大劳动人民确立为国家发展的主体，把实现人民的需求和根本利益作为治理的前进方向，带领人民探索我国治国理政新道路。以毛泽东、邓小平等为代表的中共领导人，针对各阶段社会的实际，把握时代特征和人民需求，以中国智慧促进了中国特色社会治理理论的形成。

1. 毛泽东社会建设理论

中华人民共和国成立之初，面对战争之后遗留的社会秩序混乱、问题混杂等问题，为了巩固政权和恢复社会面貌，毛泽东认为要发挥国家集中办大事的力量。诚知，社会治理的目的就在于社会秩序的井然有序和社会进步。毛泽东的治理理论体现了蕴含奉献、奋斗品质的革命性价值观，即在治理中凝聚群众的革命热忱以改造社会、维稳秩序和修正风气。[①] 在其思想指导下，中国共产党人着力正风肃纪，清理了党政内的贪污腐败，首先在领导层面上营建了良好的社会风尚，同时面对群众，毛泽东主张“移风易俗”，破除旧社会观念的枷锁，倡导自由、平等新理念，自上而下地整顿不良风气，保证全国人民的思想纯洁，共同为社会主义事业而奋斗。

毛泽东在社会治理中十分重视协调社会关系，正视社会主义建设中的矛盾。毛泽东指出要处理好事关发展全局的重大问题（即十

---

① 段妍：《建国初期毛泽东的社会风气治理思想与实践》，https：//www.workercn.cn/254/201407/30/140730074728898.shtml，2023年9月5日访问。

大关系），统筹社会上所有有利的建设因素，综合起来进行社会主义革命。[①] 同时，基于对社会主要矛盾的正确判断，毛泽东认为国家要善用自由和民主形式解决人民内部矛盾，这也是社会治理的关键。毛泽东积极动员全体人民，引导人民主动投身与自身发展相关的治理活动中，并强调要让人民自己动手。党要相信人民是可以自己解放自己的，民众也只有在自身实践中才能产生更多的治理智慧。

毛泽东强调的自由是有领导的自由，因此党需要在群众参与的过程中发挥领导性。民主治理是集中指导下的治理，而不是广大群体的无组织状态。毛泽东指出要把群众归入一定的组织范围内，这也是其治理思想的核心，通过一定的管理体制加大整合力度，有组织、有计划地管理社会。在城市，按照单位体制将社会民众归入管理范围，这里的单位不仅是工作单位，还包括党政机关、社会组织的管理单位，以此将社会各阶层人员置于统一的监督管理体系中；在农村，大力发展人民公社，组织团结农民。党为了团结工人群体，在企业和工厂等场所成立工会；对于先进知识分子依据研究方向成立相关协会、联合会。通过这一系列管理机构的建立，促进社会管理朝着体系化、民主化发展，单位制和协会等管理形式一直延续至今，对维护社会安定具有重要作用。毛泽东在社会治理中注重凝聚民心并采取了一些行动，如大力发展教育文化事业在精神上丰富人民的新期待，提供社会救助改善困难群体生活。以巩固政权、发展人民为导向的价值观，贯通于毛泽东的社会建设理论之中，带领中国社会主义事业初期欣欣向荣。

---

① 《论十大关系（一九五六年四月二十五日）》，https://fuwu.12371.cn/2013/08/14/ARTI1376449049161135.shtml，2023年9月10日访问。

2. 邓小平社会建设思想

党的十一届三中全会后，我国走上了改革开放的伟大征程。邓小平提出了许多具有创造性的社会治理战略，体现在将辩证法的世界观与方法论科学地作用于社会治理中。他认识到社会是普遍联系的、发展的矛盾统一体，治理社会的过程必然是建立人与社会有机统一体、破解社会中的诸多难题、不断改进和完善的发展过程。他主张用联系的眼光看待社会的发展，需要顾全大局，兼顾经济、政治、文化等事业的全面推进，实现社会治理的整体发展。社会主义不是部分人群的富有或贫穷，这些都是不全面的发展，社会主义最大的优越性就是共同富裕。社会治理的目标是全体人民美好生活的实现，要协调各阶层群体的利益追求，不应忽视一部分人贫穷的现象，但是由于发展的过程是曲折的，同时实现富裕是很难的，可以采用先富帮后富的方法，朝着治理目标稳步前进。这一科学策略讲究发展的递进性，对我国后来的治理工作影响深远。在社会治理中，邓小平针对社会不平衡发展的局面运用对立统一规律，提出“两手抓、两手都要硬”的策略，物质基础和精神文化发展一体化，民主与法制有机结合，重视社会管理的平衡，紧随问题和时代导向，打造富强、民主、和谐的社会环境。

随着改革开放的深入，一些新的社会阶层开始活跃，如民营企业中的科技人员、个体户，新阶层人员的变动容易出现价值理念不合、利益冲突等矛盾，倒逼着社会主体结构的调整，即由“一元”向“多元”的转变，从而完成了社会治理主体理念上的革新。邓小平倡导激发人民群众的活力来建设社会，为了更好积攒多元主体的治理力量，政府职能变“管理”为“服务”，政府与企业有所分开，给予企业更多的经营自主权，优化权力配置，将“相对权力”归还人民。通过竞争机制，激发企业自主发展，保持自主、自立，创造社会财富。当然，在市场化的社会要注意在治理过程中防止利益的偏重与失衡，这也是经济增长优先情境下社会治理的高效方法。邓小平强调建设法治社会，提出“依法治国”，以法律维护公平公正的利益需求，坚持法大于权，以程序化、法治化落实以民为本，遵循社会发展秩序，与民主目标相耦合，推动建设简约高效的社会治理体制。

3. 江泽民社会建设思想

世纪之交的我国面临重要的发展战略机遇，江泽民提出统筹“三位一体”建设布局，物质经济方面不断提升，精神文明和政治文明等各领域也应面面俱到，统一于现代化社会建设中，提升了治理理论的建设性。他把党的领导作为社会治理的根本原则，基于对党的正确认识，“办好中国的事情，关键在我们党”[①]，党要发挥良好带头作用，为社会治理提供科学的指导并做好实践工作。江泽民承继了邓小平民主和法制思想，强调依法治国和以德治国相结合的策略，让社会治理的各项工作在制度化、法律化形式下展开。在社会主义初级阶段，处理好社会各类关系是治理的基本要务。江泽民指出我国正经历经济体制的重要转轨，面对社会发展状态的变化，人们要有一个合适的心理建设期。在这一时期，利益关系发生重大调整，矛盾的种类增多并呈现很多新特点，社会稳定是该社会阶段的重点，亟须建设和谐、稳定的治理环境，否则不管多么突出的远景规划都完成不了。综合治理经验和实际，要尤其注重处理好改革、发展、稳定的关系，治理是为了发展，改革是促进发展的重点，维

① 《江泽民文选》第3卷，人民出版社2006年版，第271页。

持稳定是改革和发展的保障，三者关系事关社会治理的全局。坚持“稳定压倒一切”，一方面，江泽民把改善民生作为调节改革与稳定的中介，更加关注实际民生问题的解决，强调就业、教育、医疗卫生等基础服务的建设，以分配方式的完善刺激全体人民劳动积极性的同时使分配成果更加公平。另一方面，在稳定社会秩序时以治安工作为重要推手强化综合治理，“预防为主，打防结合”，严打违法犯法行为并建立公民生活防护体系，维护社会安全。江泽民提出将政府权力下放，赋予地方基层更多的自治权力，通过不断健全基层社会选举、管理和监督制度来激发群众自主参与的热情，提高治理能力和效率。江泽民的社会管理思想顺应时代潮流和发展趋势，为转型期的中国提供了优秀的治国安民方案，是贴合人民利益的正确路线。

4. 胡锦涛社会管理思想

为实现全面建设小康社会以及构建社会主义和谐社会的奋斗目标，以胡锦涛同志为总书记的党中央致力于社会治理新模式的发展，给予社会管理重要的国家定位，认为它关乎执政党地位的巩固、关乎国家和人民的长足发展，在实践中提出了富有独特见解的社会管理策略，将社会治理发展提升到更高层次、更高水平。党的十七大报告指出，社会建设与人民幸福安康息息相关，必须在经济发展的基础上，更加注重社会建设，着力保障和改善民生，推进社会体制改革，扩大公共服务，完善社会管理，促进社会公平正义。在安定有序的发展环境下，增加社会管理的和谐因素，从人民的最急迫、最需要处理的问题入手，自上而下地深入人民群体观察民生，想方设法为民办实事，改善民众生活，以实际行动促进社会和谐。科学发展观蕴含着科学的指导思想和方法论，是新时期各领域发展的理论遵循，其中“以人为本”的核心是社会治理的根本价值导向。社会管理归根结底是对人的服务与管理，人作为社会管理的主体，在治理时应始终围绕人民的追求，“坚持权为民所用、情为民所系、利为民所谋”①，这也反映了中国共产党人历来坚持的人民性价值取向。胡锦涛提出的可持续发展观、统筹兼顾的方法，让人民的视角转移到生存的自然环境中，为人类社会的延续做出了贡献。在社会治理上，统筹区域、城乡等发展，注重发展的全面性，稳步推进社会治理目标的达成。此外，胡锦涛提出“党委领导、政府负责、社会协同、公众参与”② 的社会管理格局，明确了社会各阶层人员在其中的地位和作用。政府要寓管理于服务中，保证基本公共服务均等化，要重视社会组织的团体建设功能，公民要积极践行社会主义核心价值观的指引。胡锦涛的社会管理思想体现了科学性与人民性的结合，是当代社会治理理论学习的重要来源。

（三）历史沉淀：中国以民为本的传统社会治理思想

中国有五千年文明史，在漫长的时代演进中优秀的历史文化留下了深刻的文化根基，蕴含了不同派别对社会治理提出的策略和构思。虽然传统治理思想致力于阶级地位的巩固，但也包含普遍适用的治理思路和对治理的共同期许，对当前社会治理理论的形成仍具借鉴性。习近平总书记曾谈道：“一个国家的治理体系和治理能力是与这个国家的历史传承和文化传统密切相关的。”③ 在我国古代国家治理中，民本思想是统治者治国的主流思想，突出了人民是安邦兴

① 胡锦涛：《在“三个代表”重要思想理论研讨会上的讲话》，人民出版社 2003 年版，第 19—20 页。

② 《胡锦涛文选》第 3 卷，人民出版社 2016 年版，第 490 页。

③ 中共中央文献研究室编：《习近平关于协调推进“四个全面”战略布局论述摘编》，中央文献出版社 2015 年版，第 84 页。

国之本的理念，以人民为中心基本方略指导下社会治理理论的创新应承继古代优秀的治理文化精髓，彰显我国深厚的历史底蕴。

1. 儒家德治思想

从民本、以人为本发展到以人民为中心，反映了我国治理秉持的理念在历史上的脉络演进。在传统治理理论中，强调以民为本的代表首先就是儒家，其中孔子的德治思想体现了社会政治与传统伦理的兼容并蓄，孔子关于社会的治理思想不是强调单一的体制内管理，而是通过架构伦理道德教化和社会秩序整治这两者之间的关系，形成了一套关于政、仁、德的治理范式。孔子提出仁之本，仁首先在于爱人，在于君主爱民，由此凸显了治理中人的重要地位。孟子的“民贵君轻”、荀子的“君舟民水”亦体现民为治国之根基，确保人民的基本生存和发展需求成为治理之必然。儒家强调，为政者要以良好德行塑造自身，为民着想不谋私利，做好带头示范才能为百姓所拥护，这就启示在社会治理中要加强对党和政府的群众工作教育，增强为民利民意识。“仁政”是“仁”“德”在社会治理上的政治表征，君主明德尚仁，在一定伦理规范下引导人们主动学习，从而进行整体社会秩序的建构。当前社会治理应拓宽治理民主形式，积蓄社会全体治理力量，进一步明晰我国治理模式的框架选择，同时在社会工作中加强对主流意识形态的思想引导，提升人民思想素质与道德修养，以增进全体人员广泛的价值认同。

民心所向，大道方成。儒家向来注重民众力量，重民、利民、富民是其德治思想的重点。《论语·颜渊》有云：“百姓足，君孰与不足？百姓不足，君孰与足？”该句意指物质资源富余是百姓生存的重要条件，只有这样诸侯国君地位才可以稳固。孔子充分认识到提高百姓物质条件的重要性并提出“富而教之”的思想，从治理层面指明富农是教化的前提，只有物阜民丰，才能使道德教化有所成效。古代以农业生产为主，事关国计民生，孔子提倡国家满足百姓的粮食需求以维系社会安定，并为了整体利益着想，主张“使民以时”“厚施薄敛”，减轻赋税徭役进而调动百姓生产积极性。“三农”问题始终是关系国家发展的一个根本性问题，当前社会治理也要惠农富农，破解农业发展难题。孟子以高度的重民思想提升了其仁政学说的影响力，《孟子·尽心下》有云：“诸侯之宝三：土地，人民，政事。”即百姓的地位与君主重视的国土和朝政同等重要。孟子从人的需要层次出发，在汇聚民心的措施中，认为“民之所欲”应聚之，“民之所恶”则应弃之，并针对社会各阶层提出相应举措，例如，对士人尚贤用能，于商人廛而不征等，使民心所向，得群众之力。以人民为中心基本方略指导下的社会治理理论正是以满足人民美好生活需求为目标，在治理中获取群众的支持，充分发挥人民主体作用。荀子的利民思想不同于孔孟的富民政策，它的独特之处在于百姓正当利欲追求的现实性与道德教化的理想性的平衡，荀子认为治理之道不是要绝欲，而是应正视人性的本心利欲并加以节制。正视国家和人民富足的现实性利欲，荀子提倡节本开源，节制王族贵臣的暴奢开支，把省下来的资源用于改善百姓贫困，并通过促进财务流通、修堤通沟等举措落实利民思想。儒家的德治思想一脉相承，治国理政中蕴含了丰富的人民性，有关惠民生、得民意的思想精华对当代社会建设有着积极的影响。

2. 道家“无为而治”思想

我们熟知儒家德治思想深受古代帝王的推崇，一度成为传统政治文化中的主流，但与儒家并生的道家思想也不容小觑。道家运用其独特的哲学思维，以“道法自然”“无为”辩证探究了自然、人与社会的关系，从中渗透出一套内含民本理念的社稷之道。道家围绕“道”这个核心展开了社会管理运作的一系列探索，老子认为世间物质依道而行，而自然是道的天然本性，道作用于事物时是无目的的，为此老子提倡世间之道应顺其自然，人类社会的运行亦应如此，人道应以无为而治之。“无为”的治政理念是天道自然观的社会映射，反对统治者任其私欲发展、胡作妄为的“有为”，认为君主进行治理时应顺应社会历史规律，作出顺其民心民性发展的措施安排，鞭挞以私己之欲伤民的行为，以此达到“无为而无不为”的治理成效。道家的理政思想所表现出来的民本思维具有先进的民主与自由基调，主张治政之时民要自化、自正、自富等，即通过鼓励百姓去自我管理、自我约束、自我实现，赋予百姓一定的民主发展自由，当百姓相应的主体价值得到尊敬，统治者所期望的国强民盛便指日可待。老子、庄子还推崇人人皆平等的思想，庄子更借“道”认为人有自知，可以自我管理，无须执政者统领，充分彰显了自由与平等的理念。现在主张的共建共治共享的社会治理理念也是对“无为而治”的一定认同，治理就是需要尊重规律，党和政府要放权于民，提升群众自治能力。道家的治理方式是呈阶梯式开展的，通过省刑罚、薄赋敛等实践使百姓的基本生活得以维持，在其基础上，主张民众应保持思想纯净、强身健骨、不好高骛远，以此达到修身养性，对于君主也要以“慈、俭、不敢为天下先”约束自身，从精神层面对百姓提出一定道德约束，通过对为政者和百姓的行为进行教导规范，缓解政治冲突以实现天下顺治。所以，应循序渐进，分阶段推进社会治理。此外，道家的“师法自然”“畏自然”等观点也是与现在的绿色治理、保持生态平衡等理念不谋而合，值得借鉴。

3. 法家法治思想

2014 年 10 月，习近平总书记在十八届中央政治局第十八次集体学习时强调，当代社会治理应融合“礼法合治，德主刑辅”的思想精华。这其中体现了古代治理理念的包容性，以德治礼序为主，兼法治刑罚为辅治理国家和人民。传统文化中的法治思想不同于现代的法治理念，现代的法治更偏向于西方学者强调的法律规范下的自由、平等与公正，古代中国制定的法律一般凌驾于万人之上、统治者之下，但其中也包含法律的普适性和约束性，汲取其法治思想中的合理先进成分能为当前社会治理所用。儒家注重把德和礼当法，也利用了一定刑罚的威慑作用，但整体的约束体制过于理想化，缺乏实用性。这时法家学派逐渐崛起，法家结合诸侯征战、争取霸业的政治实际，认为必须富国强兵，要想实现这一目标，单纯地依靠礼、德是解决不了现实问题的，因而要利用最直接、有效的法治手段。商鞅通过奖罚分明来推行“农战”政策，把法作为调控百姓行为的重要手段，从而达到以农业生产强化军事力量的目的，使秦国在诸侯国中脱颖而出。由此可见，法治思想是在实践中得出并能经实践检验，不同于道德礼治主义的理想化，它更加偏重于现实的可操作性，对后世历朝思想影响深远。法家思想中的法治理念具有一定现代性，韩非子引道入法，利用“缘道理以从事”的道理主张商鞅的“缘法而治”，认为法同道都是世界秩序运作的规律，要遵循法律来治理社会。韩非子这一思想一方面是利用道与法在社会治理中的相似特性，为“循法而治”理念找到合乎逻辑的理论支撑；另一方面以道的至上性强调法律至上，以法律为准绳，适用对象没有上下尊卑之分，包括君主虽有权势但不可肆意更改条文。法治思想强调的公正、平等的理念是其他德治、人治思想不能企及的，在社会治理中保持公正地对待人民，统治者以法的公正性和适用性处理政事，治理民间，通过明确奖惩收获民心。法家还注重加强民众的法治教育，以培养实用的耕战之士致力于国强民胜。总体来说，法家的治理思想体现了一定的现代民主治理内涵，以良法促进社会有序治理，值得借鉴。

三、以人民为中心基本方略指导下社会治理理论的主要内容

党的十八大以来，以习近平同志为核心的党中央着眼于社会发展现状，根据马克思主义科学理论的指导，贯彻以人民为中心基本方略，在社会治理的创新探索中为人民带来最大的发展福祉，形成了丰富的社会治理理论。党始终坚持在以人民为中心的指引下建设社会治理制度，践行治理实践，着力打造共建共治共享的社会治理格局，以多维度的社会治理体系激发广泛的民主参与，并完善有关社会治理机制建设，营造良好的社会环境，推进社会治理现代化。

习近平总书记指出："人民对美好生活的向往，就是我们的奋斗目标。"[①] 在十八届中央政治局第二十八次集体学习时，习近平总书记指出："坚持以人民为中心的发展思想，这是马克思主义政治经济学的根本立场。"[②] 这一时期，理论界将该思想的深刻内涵和重大意义作为研究重点，为该思想的继续研究奠定了基础。

党的十九大报告指出："明确新时代我国社会主要矛盾是人民日益增长的美好生活需要和不平衡不充分的发展之间的矛盾，必须坚

---

① 中共中央文献研究室编：《十八大以来重要文献选编》（上），中央文献出版社 2014 年版，第 70 页。

② 《习近平：立足我国国情和我国发展实践 发展当代中国马克思主义政治经济学》，https：//www.gov.cn/xinwen/2015-11/24/content_2971709.htm，2023 年 10 月 1 日访问。

持以人民为中心的发展思想，不断促进人的全面发展、全体人民共同富裕”[①]。“必须坚持以人民为中心的发展思想”作为重要内容被写入报告，引起了理论界更广泛的关注和更深入的研究。

2021年7月1日，习近平总书记在庆祝中国共产党成立100周年大会上，以宏大的历史思维，用九个“以史为鉴、开创未来”，总结了党的百年历史经验和对现实的启示。他指出，“以史为鉴、开创未来，必须团结带领中国人民不断为美好生活而奋斗”，“站稳人民立场，贯彻党的群众路线，尊重人民首创精神，践行以人民为中心的发展思想”。[②] 在党的十九届六中全会上，党的第三个历史决议《中共中央关于党的百年奋斗重大成就和历史经验的决议》进一步丰富了以人民为中心的发展思想，并将该思想写入作为习近平新时代中国特色社会主义思想核心内容的“十个明确”之中。在举国欢庆党的百年华诞的热潮中，理论界也涌现了一大批以百年历史宏观叙事为手法的研究著作、学术论文和理论文章，对以人民为中心的发展思想进行了系统性总结和拓展性研究，并推动这一思想的研究向纵深发展。

在形成条件的研究方面，理论界认为，以人民为中心的发展思想有着深厚的理论基础、传统文化根基和实践积累，既延承了马克思主义“关注和解放人”的价值追求，又结合了中华优秀传统文化的“民本”思想，还有中国共产党以人为本的百年实践以及习近平

① 《习近平：决胜全面建成小康社会 夺取新时代中国特色社会主义伟大胜利——在中国共产党第十九次全国代表大会上的报告》，https：//www. gov. cn/zhuanti/2017-10/27/content_5234876. htm，2023年10月1日访问。

② 《习近平：在庆祝中国共产党成立100周年大会上的讲话》，https：//baijiahao. baidu. com/s? id = 1704064566449070952&wfr = spider&for = pc，2023年10月1日访问。

总书记个人的人生阅历和长期的从政履历。

在科学内涵的研究方面，理论界分别从人民、发展、党治国理政三个角度开展研究，认为以人民为中心的发展思想把人民当作发展的主体和目的，坚持“发展为了人民、发展依靠人民、发展成果由人民共享”原则，是新时代坚持和发展中国特色社会主义的一条基本方略。

在实践路径的研究方面，理论界的研究角度有：一是从“人民”的角度切入，通过发挥人的主体能动性为践行以人民为中心的发展思想提供根本动力；二是从“发展”的角度切入，通过完善市场经济为践行以人民为中心的发展思想提供路径方法；三是从“系统工程”的角度切入，通过制定具体的政策措施为践行以人民为中心的发展思想提供制度保障；四是从“党的领导”的角度切入，通过加强和改进党的领导方式为践行以人民为中心的发展思想提供根本保证。

在价值意义的研究方面，理论界的研究成果主要集中在理论价值和现实价值两个方面：从理论价值看，以人民为中心的发展思想丰富了马克思主义的发展观，反映了我们党对于共产党执政规律、社会主义建设规律、人类社会发展规律的认识达到新的高度；从现实价值看，以人民为中心的发展思想为解决新时代社会主要矛盾，实现全体人民的共同富裕、每个人能力的全面发展提供了指导，为党治国理政指明了价值遵循，为实现民族复兴凝聚了磅礴伟力。

（一）社会治理需要坚持以人民为中心基本方略

先进的理论把握着时代的脉搏，镌刻着历史的印迹，集时代经验与思想智慧于一体，成为时代发展最强音。新时代，以人民为中心基本方略立足当今时代的发展实际，彰显时代特征，全面把握我国民主、法治、公平等社会建设要求，不断满足人民在社会各方面的高层次需求，是为人民所认可的正确策略。坚持以人民为中心、加强社会治理建设是深化新的主要矛盾下推进社会主义伟大事业顺利进行的必然要求。“民心是最大的政治”，社会治理中要紧抓人民最关心的民生实事问题，保基本提质量；致力于解决社会公正问题，减少地区差距、贫富差距带给人们的不满，做好扶持困难群体的社会治理；增进与人民群众的联系，扎实推进人民利益取得，尽心尽力，久久为功，提升人民获得感和幸福感。

1. 织密扎牢民生保障网

人民是国家生存发展的根基，保障和改善民生始终是我国的关注点，民生兴旺才能得民心，更好地实现人民福祉。我国正处于迈进社会主义现代化进程的关键时期，经过七十多年的艰苦奋斗，人民的基本生存和发展都得到极大改善。新时代社会治理目标对我国民生提出了更高的要求，以促进民生福祉达到新水平，实现民生的高质量提升，为此，社会治理要织密扎牢民主保障网。民生关乎人民的生存与普遍发展，民生质量的提高是全体人民的共同生活追求。习近平总书记充分强调了民生改善对于当前我国社会治理的重要性，社会治理要注重解决人民生活中最实际、最迫切的难题，以切实有效的治理让人民过上更加殷实、更可持续、更具保障的生活。

把改善民生作为社会治理的基点、织密扎牢民生保障网，必须坚持以人民为中心基本方略。首先，社会治理要抓住人民的实际，治理发展和服务的对象是人民，改善的民生是为了人民，因而必须悉民情、破民难、促实需。社会治理要深入人民生活，各级机关、单位行政人员要同人民加强联系，实地考察、走访，找出治理中人民当前最迫切需要处理的问题，了解群众的生活期盼，群众面前无小事，从小事和关键领域着手，尽心尽责，以最有效的治理做好服务。其次，要构建经济发展与改善民生的良性循环。我国在谈及奋斗目标时明确要让大家共同走向美好富裕的时代，并将当前经济领域各项成果由人民共同分享，这充分体现了经济发展与改善民生的辩证统一，为社会治理中处理经济与民生的关系提供了指导，也指明了社会治理前进的方向。经济稳步前进是基础，民生显著改善是目标。经济增长不仅要保持居民收入的提高，更要促使社会财富向民生领域倾斜，加大民生支出，协调因各种差距等引起的经济结构失衡问题。经济活力为民生的持续改善不断增加动力，人民在利益和需求得到满足后便会积极投身社会治理实践，成为经济所需的重要人力资源，从而使得经济发展与民生改善相辅而行。最后，民生保障网是社会各领域交织的联合体，包含社会治理的多方面工作。《中华人民共和国国民经济和社会发展第十四个五年规划和 2035 年远景目标纲要》提出要促进“民生福祉达到新水平”，充分表明社会治理有了更高的民生追求。社会治理中要营造良好的就业环境，实施激励型政策，供给公共就业咨询和服务；全民受教育程度不断提升，获得良好的教育是人民的发展权益，社会治理要强化人民满意的教育，培育优秀的建设者；社会保障体系要覆盖得更加全面，呈多层次化发展，继续巩固脱贫攻坚成果。人民的生活中积攒着社会治理的内在潜力和巨大力量，社会治理要本着以人民为中心，为良好的国计民生努力前进。

2. 促进社会公平正义

公平正义是人们的共同追求，也是我党治国理政的内在要求，意味着公民平等公正地享有社会治理资源的分配和参与治理的机会。党的十八大以来，党和国家通过一系列的决策部署和切实实践让人民真切感受到社会公正，把公正作为社会治理的着力点，助力社会长治久安。坚持以人民为中心创新社会治理，不断促进社会公平正义，首先要把握发展的关键点。整体社会经济的发展制约着公正实现的广度和深度，因而要以更高质量的经济水平促公正，保证现代市场主体依法竞争，让市场在充满活力、张弛有度的竞争机制下运转；深化供给侧结构性改革，刺激内在需求，以国际国内经济双循环为经济增添动力；公正的突出体现就在于合理的收入分配，要尤其注重再分配的公平，政府要加大在民生建设上的财政支出，促进基础公共服务均等化和社会保障全覆盖，加强对人民教育、医疗、住房等社会扶持，让人民平等共享。①

其次，良好的制度安排是社会公正实现的基础，既促进公平正义，又促使社会治理作出更有效的制度设计和实施决策，整体把握社会发展方向。要继续健全和完善我国社会治理的基本制度，对制度执行程序进行具可操作性的现实考量，强化人民权益实现的细节设计和流程规制，增强制度执行力，同时要加大制度创新，促使制度安排更加注重公正，努力减少因人的私利导致的不公平现象。

最后，法律是维护公平正义的重要途径，亦是推动现代化治理的重要手段。法治立足于治理中现实的人的实际，以其系统性和可控性实施引领社会治理活动。体现于立法思维上，法律明确规定人人平等、人人依法；体现于执法上，加强自身执法能力建设，牢记执政使命，坚决依法为群众办实事、解困境；体现于司法上，树立公平正义观，强化监督体系。在社会治理工作中，要不断加强执法人员队伍建设，保持清正廉洁、执行高效，在社会上广泛地宣传法治思想，引导群众学会用法律手段维护自身合法权益，并完善权力

---

① 陈水生：《新公共管理的终结与数字时代治理的兴起》，载《理论导刊》2009 年第 4 期。

运行机制和监督机制，接受人民的监督，公正解决人民的诉求，逐渐形成公平公正的法治社会环境。

3. 扎实推进人民获得感

党的十九届四中全会谈到中华人民共和国成立以来，党带领全国人民砥砺前行，取得了优越的成绩。在这一过程中我党坚守人民初心使命，不断满足人民在生活中多样化、深层次的需求，通过更实际、更有效的治理让人民过上了祥和、殷实的幸福生活。扎实推进人民获得感的提升，让人民生活更加美满，成为新时代提升社会治理能力的内在要求。当前社会治理要不断激发全体社会成员的创造力，既要保持人民诉求渠道畅通，也要加强政府与社会、与群众的密切沟通。有针对性地进行社会建设，找寻群众利益诉求和社会整体利益发展的结合点，注重不同主体利益间的协调，确保社会稳定和谐。人民的获得感来自社会治理各领域的殷实发展，是在生活中切实地感受到生活的便利、自身的优化、环境的美好等。经济上，社会治理要顺应人民期盼，推进经济高质量发展，创造源源不断的社会财富。注重城乡、区域协调，加大对困难群体的帮助，不断实现人民共同富裕。政治上，要完善社会治理制度安排，强化国家机构人员队伍建设。养成为民服务、为民办事的自觉，以法治化、精细化、社会化治理方式推进治理工作高效实施。社会领域上，加大对民生福祉的建设，提升公共服务供给能力，关心群众的健康、安全，打造绿色生态、文明友好的相处环境。整体而言，社会治理要秉持利民惠民的理念，在增进人民获得感上真抓实干，让人民住得安心、吃得放心、活得舒心，实现更高质量的发展。

（二）建设人人有责、人人尽责、人人享有的社会治理共同体

党的十八大以来，站在迈向社会主义现代化新进程的历史起点

上，党和国家对过去的社会治理实践进行总结反思，进一步加强顶层设计和实践执行。将以人民为中心基本方略贯彻到社会治理理论中，主张治理发展为了人民、依靠人民并由人民共享，体现了党在社会治理理论上的不断创新，彰显了人民中心本位，为新时代社会治理更好地遵循人民意旨指明了前进道路。党的十九届四中全会发展了马克思主义共同体思想，提出“建设人人有责、人人尽责、人人享有的社会治理共同体”①，这一表述是对共建共治共享社会治理格局的进一步深化。共建共治意味着每个人都有责、每个人需尽责，只有把握了这个基础和前提，才能实现治理成果人人共享的根本，由此层层递进，相互契合，推进社会治理现代化向纵深发展。

1. 夯实共建基础：治理本位应人人有责

在我国，社会治理的主体不仅包括国家管理者，还包括全体人民，应坚持以人民为主体，同时促进多元主体协同共建，以便催生社会治理现代化和治理能力现代化的内在动力。以人民为中心基本方略落实于社会治理中，首先就在于保障人民依法获取既得权利，提升人民思想道德素质，通过人民代表大会制度反映人民群众合理呼声，维护人民基本权益，并通过政治协商制度与基层民主自治制度，共议人民发展事宜。人人有责解决的是社会治理依靠力量问题，必须清晰地认知我国社会治理的主体是全体中国人民，不单单是党和政府，社会各主体要承担自身的责任和发挥能力建设作用，各司其职，各尽其力。党要整体把握社会治理的前进方向，做好治理工作的大局引导，党的领导是社会治理顺利开展的独特优势，能够凝

① 《中共中央关于坚持和完善中国特色社会主义制度 推进国家治理体系和治理能力现代化若干重大问题的决定》，http://www.xinhuanet.com/politics/2019-11/05/c_1125195786.htm，2023年10月20日访问。

聚政府、企业、社会组织等各方建设力量，统筹协调社会发展。政府是党的意旨执行者和传达人民意愿的介体，对社会治理负重要责任，既要注重自上而下决策的执行又要保证人民意志合理的下情上传，坚持党的意旨和人民利益的统一，同时强化机制建设，为社会治理的推进扫清机制障碍。社会组织等通过各种制度化规范化渠道主动参与到社会治理中，表达人民真切的发展需求，保持活力共建幸福生活。

2. 把握共治关键：治理实践需人人尽责

纵观我国的发展成就，无论是深化改革，还是全面建成小康社会，都非一日之成，亦非一方力量就能完成，而是汇集各方力量，稳步前行，方才成就大业。以人民为中心基本方略强调我国一切治理工作的展开要紧紧凝聚社会各方力量，把握多元主体共治的关键，激励全国人民万众齐心、共同奋斗，主动作为，集群众智慧推动社会治理工作行稳致远。共治意味着各方主体在平等协商基础上的发力，以系统内部结构的优化克服单一主体功能的不足，实现多元主体优势互补、强强联合，这就需要在治理实践中人人尽责。具体来说，第一，要保障各方主体参与治理的合理正当性，释放各方优势，避免发生角色错位、缺位等现象。“完善党委领导、政府负责、民主协商、社会协同、公众参与、法治保障、科技支撑的社会治理体系”[①] 这一论述既赋予了多元主体参与的合理性，也明确了各方尽责的重点。“党委领导”把握治理输出的关键，做好治理的全局引领，“政府负责”即政府有效提供服务和尽职，提高行政效率，“民主协商”发挥共商共计的凝聚作用，“社会协同、公众参与”在于

① 吕朝辉：《社会主义和谐社会的政府治理模式研究——兼论党委领导、政府负责、社会协同、公众参与的治理模式》，云南大学 2009 年硕士学位论文。

调动最广泛的人民力量，凝聚更基层的共识，“法治保障、科技支撑”强调了法治与科技两大要素对高效社会治理的突出贡献，各方治理力量尽展其力，在协调合作中蓄力打造共治的治理生态。第二，人人尽责不仅在于主体的共同参与，更要注重主体间参与的有效配合，以协商共治的方式合力促进治理的整体效果达到最佳。社会治理从来不是单个人的活动，而是包含集体的社会性活动，社会治理的各项事宜要想做得好，理应众人事众人商，各主体在明确责任的同时保持联动，在治理体系中通过相应的协商机制和交流渠道，整合利用各方资源共同为良好治理发力。

3. 实现共享根本：治理成果归人人享有

治理成果汇集了国家治理各项事宜的收获和成效，包含经济社会发展的各领域。人民既是社会治理的权益主体，也是治理建设过程中的主要参与者，有足够的理由和权利来共享社会治理的发展成果。我国坚持走实现全体人民共同富裕的社会主义现代化道路，奠定了党和国家要求全体人民共享发展成果的价值基调，强调在注重发展效率的同时更加注重社会公平，保障人民在现代化事业中平等受益。现代社会治理强调以共享理念满足民众对改革发展成果共同享有的合理诉求，彰显对人民主体性的充分尊重，与此同时，激发人民主体意识，从而发挥其积极性，方能实现治理的真正追求。共享是治理的根本，保证每个人享有治理成果是社会治理的应有之义。一方面，人人享有是全民性的享有，这也是基于社会主义本质的目标追求。社会治理注重解决社会公平正义问题，分配公正是实现其目标的重点，在治理过程中通过公共政策制定和强化政府执行责任机制促进机会、资源及服务由全体人民共同享有。在以人民为中心基本方略指导下的社会治理格局中，全民性的享有需要突出民生建设，保障公共服务供给均等化，以底线思维加大对困难群体的扶持，坚持公平公正的导向，着重解决治理中不平衡不充分的问题，让每个人真切地感受到治理福利和美好预期。

另一方面，人人享有是全面性的享有，社会治理要着眼于人民更高层次的生活，强化经济、政治、生态、文化等为一体的多领域建设，让人民平等地享有社会各领域的优秀成果，同时人民共享要保障人人有平等的发展机遇和权利，人人能在社会大舞台上尽显才智，一起为美好生活奋斗。在社会治理范畴内，人人享有既体现了对人民主体的认知，也契合了社会公平性的实践要义。通过推进社会治理成果共享，让人民群众意识到推进社会治理创新与自身息息相关，充分认可自身的建设主体地位，人民拥有更多的集体意识和责任担当。人民性是人人享有的内在特性，公平性是人人享有的民意支撑，应始终坚持全体人民共享治理成果，朝着推进社会主义现代化国家目标前进，聚焦社会治理能力建设，深化制度体系改革，让服务更加深入民心，让治理更加高效，让人民更有主体意识感。

第二节　构建共建共治共享的社会治理格局①

一、核心概念界定

（一）共建共治共享

“共建”重在强调社会各主体，如政府部门、社区党政机关、社区企事业单位、专家学者等，在共同参与社会治理的基础上，实现主体和客体的和谐。“共治”作为一项以多种社会主体为中心的社会

① 郭晔：《论中国式社会治理现代化》，载《治理研究》2022年第3期。

治理活动，是多元主体在参与社会事务治理活动中通过沟通、妥协实现彼此的责任、权利以及利益的统一。所谓“共享”，就是在保障所有主体的根本权益的前提下，使整个社会的公众收益达到最大。共建共治共享一直都是在社会治理现代化框架范围内实施的：共建主要是和主体有关，它的核心在于党委领导、政府负责、社会协同、公众参与，让人们了解社会治理应该“依靠谁”；共治主要是和路径有关，它的核心在于“民主协商、法治保障、科技支撑”，让人们了解“社会治理怎么做”；共享与价值层面相对应，它与人民、社会、国家角度的平安建设为对应关系，让人们了解“社会治理为了谁”。

党的二十大进一步强调，健全共建共治共享的社会治理制度，提升社会治理效能，建设人人有责、人人尽责、人人享有的社会治理共同体，其核心是“以民为本”，某种意义上说，它是对人民权利的尊重，发挥人民的主动性，实现“以民治世”。根据习近平新时代社会治理重要论述，就是大家一起参与到社会建设中来，一起搭建一个公众的平台，一起管理公众的事情，并共享管理成果。在理解该理念时，要注意如下三点：

第一，主体的多元性。社会治理不能够单靠一个主体完成，而是要将不同主体整合在一起形成共同体，具体来说包括政府、社会组织、公民、企事业单位等，通过他们之间的良好协作，共同促进社会和谐、国家富强，增强民众的获得感以及幸福感。

第二，过程的参与性。在社会公共事务的治理过程中，单个主体能力有限，需要调动多元主体参与社区协商的积极性。对于政府来说，构建一个让多元主体都能参与的公共治理平台是非常有意义的，在这个基础上，各种治理主体都能够发挥自身在能力和资源上的优势。例如，对城镇社区进行治理的时候，协商就是一种消除意见分歧、整合利益差异的主要方法。

第三，结果的共享性。社会治理旨在为人民创造更多的福祉，满足人民日益增长的美好生活需要，争取让每一位公民都能够享受到发展成果，具有更强的获得感和幸福感。共享共建共治的相关成果，不单单体现在物质方面，同时也体现在精神方面。打造共建共治共享模式，是我国社区今后一段时间的发展方向和奋斗目标。社区治理环节的共建共治共享格局主张以社区为依托，在社区范围内制定并实施多元主体合作机制，包括社区两委、居民、社区组织、属地企业等在内的多种主体，共同参与到社区的实体建设与制度建设之中。社区通过营造平等、和谐的社区氛围让参与主体共享“共治”的成果，让居民拥有安全感、幸福感和获得感。

（二）城市社区协商治理

协商治理有其自身的特点，具体为理论和实践两个层面。简单地讲，协商治理就是在行使公民政治权利的前提下，通过协商、辩论、妥协等形式寻求共识，协商差异和矛盾。假如把协商民主看作一种民主机制，那么，协商治理就是把协商民主的概念具体贯彻到了实践之中，用协商方式推进解决问题的进程。协商治理践行的是民主理念，通过协商民主外化出来，是一种非常科学和先进的民主治理模式。城市社区的协商治理，不仅是党政机关注入社区内的一种治理手段，而且是应居民真正需求而产生的一种自治形态。城市社区协商治理需要沿着五个方面展开，具体如下：

第一，社区协商治理中需要发挥党组织的优势。基层党组织是协商治理的主导者、组织者和引导者。在党的领导下，协商治理始终以人民为根本，始终维护社区公共利益。

第二，社区协商治理需要有一个协商平台。一个能容纳多元主体交流的平台很大程度上能够增加社区居民的凝聚力。只有通过协商平台才能参与到社区协商治理的环节中，任何利益相关者都需要利用协商平台去完成自身的治理责任和义务。

第三，社区协商治理需要不同主体直接理性地参与。参与者所提出的观点可以被他人所了解，各种观点都能够平等交流，每个主体都能够表达自身的诉求，这种平等是决定协商治理最终成效的重要因素。

第四，社区协商治理议题具有多样性。社区协商治理所涉及的议题应包含各个方面，比如社区基础设施的建设、社区的人居环境的整治等。

第五，社区协商治理需要制定社区协商规则。为了实现社区协商治理的制度化和法治化，让多元主体有序有效地参与到社区管理之中，就必须从不同类型的社会群体出发，制定出一套含有公开性、平等性、中立性、效率性等原则的制度，使协商治理能够做到有条不紊。

综上所述，社区协商治理同共建共治共享的社会格局一样，首先，都强调以人民为核心，强调社区两委、居民、社会团体等多元主体参与到社区治理中，侧重于“事前”的社区治理制度和体系的建立；其次，都有过程性之义，强调“事中”的一并治理，通过平等、理性的沟通，减少差异性，确定各主体的责任与义务，将社区多元主体拥有的不同资源充分整合在一起，在和谐、合作的前提下，科学地处理各种事务，确保社区的问题能够得到尽快的解决；最后，都涉及“事后”治理成果的共享，也就是说协商治理的成果要让居民完全能够享受到，只有这样才能增强居民的幸福感。

二、理论基础

（一）协商民主理论

从发展脉络进行分析可知，1980年约瑟夫·毕赛特（Joseph M. Bessette）在《协商民主：共和政府的多数原则》一文中首创“协商民主”的术语，他对美国的代议制宪政模式表示质疑，指出美国应加大协商参与力度，从而保障公共政策的正确性。[①] 伯纳德·曼宁（Bernard Manin）主张合法性在于意愿的形成过程中重视众人的意愿，意愿产生的过程，即为政治协商的进程。[②] 20世纪末，哈贝马斯（Jürgen Habermas）在《在事实与规范之间》一书中指出，精英主义协商应朝着大众协商过渡，使协商民主得到学界更多的重视和关注。[③]

第一，协商民主作为一种议定型民主，是一种政治性制度。它通过设定协商过程，将公众意见纳入到国家的政策制定过程中，从而在公民和政府之间建立起一种互利的联系。乔舒亚·科恩（Joshua Cohen）指出，“协商民主是一种将对公众的命令的执行与对公众进行协商的探讨相结合的一种政治形态”[④]。第二，协商民主作为一种治理方式，能够让社会多元主体参与到决策中来，促进政府更加透明和公开，增强社会对政府行为的监督与参与，并充分调动社会各界的积极性和创造性，减少政府的盲目性和错误性，使政府工作更

① 〔美〕约瑟夫·毕塞特：《协商民主：共和政府的多数原则》，陈家刚译，载陈家刚主编：《协商民主与政治发展》，社会科学文献出版社2011年版。

② 〔美〕伯纳德·曼宁：《论合法性与政治协商》，陈家刚译，载《国家行政学院学报》2007年第3期。

③ 〔德〕哈贝马斯：《在事实与规范之间》，童世骏译，生活·读书·新知三联书店2003年版。

④ 陈家刚主编：《协商民主与政治发展》，社会科学文献出版社2011年版。

加符合社会实际需求，进而提升治理效能。第三，协商民主作为一种决策机制，具有协商、平等、合法等重要特征。每一种政治行动，其终极目标就是对政策制定产生作用。约·埃尔斯特（Jon Elster）认为，协商民主是指在受影响的全体市民或他们的代理人的共同参与下作出的一切公共决定；协商是通过辩论来完成的，而参加辩论的市民或他们的代理人，应当重视公众的价值观。[①] 2001年，哈贝马斯访华期间，在北大的演讲中提出了“协商民主”的概念，由此开启了国内学者的协商民主理论研究之路。目前，国内的协商民主研究主要包括概念研究、适用领域、理论创新和价值意义等方面。

各国学者从多个角度分析了协商民主，虽然侧重点不同，但都以“对话”“理性”“共识”“参与”“平等”“协商”等为核心要素。简单地说，协商民主是指人民以自由和平等的身份，通过对话、讨论和审议的方式，来参与公共事务和政治决策。这与本书所倡导的共建共治共享视域下社区协商治理的价值理念相吻合。本书正是强调社会多元主体在平等、理性的基础上通过对话、辩论、妥协等方式找到自身利益与公共利益的契合点，在协商中确定彼此的责任和义务，用民主协商这种手段参与社区治理，共享协商成果，促进共建共治共享治理局面的形成。

（二）治理理论

1989年世界银行在讨论非洲发展时首次使用“治理危机”一词，此后学术界对“治理”进行了丰富的研究。有的学者明确区分了治理和统治，即治理代表主体的多元化，而统治只有一个主体也

① 刘彦昌、孙琼欢等：《治理现代化视角下的协商民主》，浙江大学出版社2017年版，第72页。

就是政府。治理不同于统治，治理的过程是平等、互相交流的过程。全球治理委员会将治理定义为："治理是个人和制度、公共和私营部门管理其共同事务的各种方法的综合。"[①] 治理理论被引入中国后也得到了快速发展。俞可平指出，与传统公共管理相比，当代的公共治理更加注重公平性和公共性。治理理论主张建立包括政府、市场、公民和社会团体等多元主体共同管理社会公共事务的模式，基于平等协商这一前提，强调多元主体之间的合作与互动。王泽和于永达认为应把以民为主的观念贯穿到基层治理中，调整基础性权力，要注重对社会权力的培育，促使这两者在互动中走向共生互强。[②]

治理理论的主要内容有：第一，更多的主体参与进来，分摊治理的责任，除了政府之外，民间组织甚至是公民都应该发挥一定的作用，且在地位上各个主体是完全平等的，只是分工不同。第二，要求国家不仅要还权于社会，还要与社会协同共治。第三，治理理论的目标着眼于公民需求，应积极鼓励公民参与治理过程，使决策更加科学化。第四，治理理论重视治理的效率与责任，协调各个治理主体的利益关系，确保每个个体以理性的态度对待治理内容，提高治理效果。在共建共治共享的视角中，社区协商治理就是对"治理"的一种扩展和延伸。在"治理"过程中，政府、企业、社会组织、社区居民在平等、理性的基础上通过不断协商确定协同关系，以相互支持、相互信赖的相处模式不断推进社会的和谐发展。

---

① 〔瑞典〕英瓦尔·卡尔松、〔圭亚那〕什里达特·兰法尔：《天涯成比邻——全球治理委员会的报告》，中国对外翻译出版公司 1995 年版。

② 王泽、于永达：《城市基层治理何以有效：国家基础性权力的视角》，载《求实》2020 年第 4 期。

第三节 “三治融合”推进社会治理现代化[①]

一、核心概念的界定

（一）自治、法治、德治的内涵及其关系

1. 自治

基层群众自治就是在群众内部借助于约定俗成的规矩和民俗习惯、村规民约等内容来进行治理，同时在法律法规的约束下开展各种管理、教育、服务活动，主要特点就是自治性、群众性和基层性。基层群众自治主要分为城市居民自治和农村村民自治。我国最早建立的城市基层群众自治组织是1949年10月在杭州成立的柳翠井巷居民委员会。随着实践的深入，1954年12月，全国人大常委会第四次会议通过了《中华人民共和国城市居民委员会组织条例》，这也是我国第一部围绕社区建设的自治性条例。1956年年底，居民委员会开始在全国推广试点。到1989年12月，第七届全国人大常委会第十一次会议审议通过了《中华人民共和国城市居民委员会组织法》，意味着我国的居民自治管理走上了制度化规范化轨道。1980年左右，我国的农村村民自治开始出现。在1982年修改宪法时，对居民自治管理条件进行了更新，明确了城市居民和农村村民自治的性质，居民委员会和村民委员会同属于基层群众性自治组织。到1984年，全国农村不再采取生产大队的管理模式，取而代之的是村民委员会。1987年11月，《中华人民共和国村民委员会组织法（试行）》正式

① 郭晔：《论中国式社会治理现代化》，载《治理研究》2022年第3期。

颁布，从此我国的农村基层群众自治制度正式建立。

2. 法治

法治是人类社会进入现代文明的重要标志，科学立法、严格执法、公正司法、全民守法等都是法治不可或缺的组成部分。具体来说，法治可以分为两部分：一是形式层面上的法治，二是实际层面上的法治，法治是这两者的统一体。形式层面上的法治指的是在治理国家时要求采取依法治国的原则进行治理，并以此来运行相关的法律机制；实际层面上的法治主要是指法律的权力、价值和精神。两者相互促进，缺一不可，只有两者的有效融合，才能够保证制度的建立和有效运行。在基层社会治理中，应严格遵守法律规范，做到依法办事。

3. 德治

德治，即以德治国，换言之，就是通过道德手段来对社会成员进行制约的一种方法。在社会治理问题上，德治思想在中国古代便开始使用，后来逐渐形成了德治传统。德治最早记载在周代的《尚书》《诗经》中，《诗经》中有不少诗篇蕴含着以德治国的思想，《尚书》中则有“以德配天”等思想。德在“周礼之教”中的作用非常明显，经过了多个朝代的发展、使用和探索，其内涵更加丰富。德治思想自确立以后，不管如何发展，都紧紧围绕“礼法并治、德主刑辅”的原则，对各朝代治理社会具有非常重要的作用。德治的主要内涵就是通过树立榜样、制定规范、开展道德礼仪教育等方式来治理社会，加上舆论的参与，让德治内容更加完整。

4. 自治、法治、德治三者在基层社会治理中的关系

自治、法治、德治三种治理方式各不相同，侧重的治理范围和形式也各有差异，对参与的社会主体的约束力强弱也有所不同，有

各自的优势和不足。不过在基层社会治理实践中，这三种方式并不是独立存在的，在面对同一个社会治理困境时可能会同时使用这三种治理方式加以处理。所以在具体社会实践过程中，必须梳理出问题背后的内在逻辑和辩证关系，有效融合自治、法治和德治三种治理方式，为新时代“三治融合”的发展提供实践基础。自治、德治追求的是个体自由，而法治则以限制人的自由为抓手，属于强制性遵守的规则体系，这也说明了自治和法治、德治和法治存在一定的紧张关系。但是，法治始终贯穿于自治、德治之中，如想要有效运用自治，则必须遵守法治的底线；又如法治和德治明确后的共识，也必须参照自治的要求。所以，在基层社会治理中，自治、法治与德治三者虽然各有其特点，但又可以相互融合，甚至是必须相互融合。

（1）自治与法治的关系。自治是通过日常的行为约束逐渐演变而来，属于民主性质的制度，但是民主制度并不一定具有完全统一的意见，所以当出现不同意见时，往往会伴随冲突。法治则不同，讲究的是人人平等，从公平、公正的角度来制定相关制度和规范。从价值取向上来看，自治更加倾向于民主、自由和权利的表达，而法治更加倾向于公平、公正和对自由的约束。在合法基础上，自治主要是突出人民的自主权和自由权；而法治突出的是人的平等的权利。从定位上来看，自治是确保基层社会的治理更加完善；而法治是为了保障人们的合法目标能够实现。从合理性上来看，自治可以是公众都参与其中，将最终的决策交给多数人；而法治则是根据相关的法律条款，对存在的问题进行严肃处理。从包容度上来看，自治具有很强的包容性和情感特点；而法治具有严肃性和平等特点，并不会因为某些因素而出现不公平的情况。从缺失的后果上来看，自治缺失后，社会特权将会掌握在少数人手中；而法治缺失后，人们的权利和义务将得不到任何的保障。也就是说，自治与法治在价值取向、合法性基础等方面都存在很大的不同。存在差异的同时，两者也是辩证统一的。首先，自治的有效实施离不开法治作为后盾，有了法治的保障，才能够对自治进行有效约束，避免出现专权的情况。另外，自治是法治的基础，基层的社会治理如果单纯依靠法治，最终的处理结果可能大家都不满意。所以，法治是自治的保障，自治是法治的基础，两者相互依存，不可或缺。

（2）法治和德治的关系。法治主要是为了规避人性之恶而出现的。而德治则不同，是从人性之善的角度提出的。从价值取向上来看，法治要求的是人人平等；而德治倾向于维护既定秩序、规范人们思想。从合法性基础来看，法治具有普遍性的特点，能够对自由进行有效约束；而德治具有个体性的特点，主要实现人们的自我反省。从定位上来看，法治不可缺少，一旦缺失，社会将会出现大乱；而德治即使缺失，对于社会治理的影响也相对较小。从包容性上来看，法治不存在任何的偏差和包容，只要出现错误的行为，都会按照法律进行制裁；而德治具有个别问题个别对待的特点，容许非理性的想法存在。从形式和内容上来看，法治对人的行为进行限制，具有否定性的特点；而德治则相反，不限制人身自由。从实施成本上来看，法治不需要较高的治理成本；而德治的治理成本相对较高，尤其是监督和执行成本。所以说，法治和德治在治理方式上存在很大的不同，但是最终的目的都是更好地实施社会治理。其一，德治关注的是权责的对等，这样才能够充分体现出现代法治精神的精髓；其二，德治与法治相辅相成。因此，德治与法治可以实现有效融合。

（3）自治与德治的关系。自治和德治都是以个体自由为基础。

德治是在自治的基础上建立的，所以整个治理过程都会以自治为基础开展治理，从而能够满足人们的治理目标需求。这种治理方法不会像法治一样采用外力来进行强制执行。另外，在自治中融入德治，会让自治更加有活力。因此，自治与德治也可以实现有效融合。

（二）“三治融合”的内涵

自治、德治、法治“三治融合”的基层社会治理体系于 2013 年发源于浙江省桐乡市，并在较短时间内扩展到全国各地，成为社会转型期化解基层矛盾的一种有效治理模式，并在乡村形成了“大事一起干，好坏大家判，事事有人管”的基层治理格局。2018 年，党的十九大报告提出，健全自治、法治、德治相结合的乡村治理体系。自治、法治、德治相结合的乡村治理体系意味着基层社会治理需从以往的单一路径转向“三治融合”的整体主义路径。

“三治融合”是在现代基层社会治理领域探索的一大成果，具有可复制性，其对实现基层治理现代化的作用显而易见。当前，基层治理形态也正在由传统的单一治理向现代的多元素融合治理转变。在此背景下，构建自治、法治、德治相结合的治理体系成为社会有效治理的新模式。但是，当前社会治理体系中的“三治”还是自治、法治、德治三者的简单组合，并没有很好地融合为一体，无法满足新时代推进基层社会有效治理的要求，需要对其加以改进，使其走向高质量的“三治”结合乃至融合。“三治融合”是一个有机整体，不能搞还原论，分而治之，而要坚持整体论，通盘设计、统筹兼顾。无论自治、德治还是法治都是相互贯穿、相互联系的。自治、法治和德治三者间的协同治理是基层善治的应有之义，自治中不能缺少法治和德治，而在进行法治和德治时，也要考虑自治的治理方式。

“三治融合”并不是单纯地叠加使用，而是需要找出契合点来进行融合，确保“三治融合”的目标、资源和理念都能够融为一体。“三治融合”就是在乡村治理中将自治作为核心，在自治过程中，不断增加治理主体的法治意识和道德意识，让自治、德治和法治发挥最大效果，从而实现基层社会治理的目标。[①]

二、基础理论阐述

（一）善治理论的源起和发展

善治是在治理理论发展的基础上出现的，这个概念最早出现在西方国家，我国开始推广善治理论的是公共管理学者陈广胜，他主要从四个方面对善治的概念进行了分析研究。后来，俞可平教授对善治的概念进行了重新梳理，认为善治属于相对较好的治理方式，通过善治既能够做到公平公正，又能够实现人性化管理。[②] 善治的目的是规避国家权力始终保持在高位，让权力向社会下沉，善治的过程就是将权力下放到民间的过程，也使得国家与社会的关系更加融洽，能够实现良好的合作关系。俞可平教授提出，想要保证善治的有效推进，就必须做到三点：一是保证法治的有效推进；二是让民主贯穿其间；三是治理作为善治的基础内容存在。[③] 西方学术界从多元主义和社团主义两个角度来推动善治的发展。多元主义关注的是竞争，建议对权力进行多元配合，在结构分化的基础上推进善治。社团主义强调的是双方的合作，建议国家和团体的关系更加密切。

---

① 姜晓萍：《国家治理现代化进程中的社会治理体制创新》，载《中国行政管理》2014年第2期。

② 俞可平：《走向善治》，载《理论学习》2017年第4期。

③ 同上。

根据中国国情，善治应该坚持以多元治理、和谐治理为抓手来推进。总而言之，善治的出现让政府和公民的关系更加融合，也是一种新的治理模式，得到了广大民众的认可，能够让民众自动自发地参与到合作中。让善政向善治方向迈进，通过善治，民众有更多的机会参与到政府的决策工作中，从而使得公共事务的发展更加顺民心、得民意，并使公共利益得到最大化的发展。

（二）协同治理理论的要点阐述

协同治理理论可以追溯到20世纪70年代初德国物理学家赫尔曼·哈肯（Hermann Haken）创立的协同学。在协同学和治理理论充分发展的基础之上，协同治理理论也随之诞生。协同治理是指政府、市场、社会组织、公民个人等不同治理主体为实现公共利益目标、满足公共服务需求而进行非线性互动的治理方式。协同治理理论中既包括了自然科学的协调论，又包括了社会科学中的治理理论，两者相互交叉、互相补充。协同治理理论的概念能够较好解释社会系统的协同发展。协同治理就是将有矛盾冲突的不同利益主体，通过采取有效的联合措施来进行调节的过程，使治理的主体更加多元化、多样化，同时又具备协作性和动态性，最终确保社会秩序更加规范。协同治理主要体现的是多元治理主体之间既有竞争关系，又有合作关系，通过相互关系的不断调整来开展集体活动，从而保证民众之间差异性的目标可以达到平衡，最根本的目的就是实现社会公共利益的最大化并保持稳定性。

协同治理理论主要有以下几方面的特点：第一，治理主体的多元性。治理主体包括政府以及社会组织等非政府组织。而多元化的特点主要就是指治理权威的多元化。在整个治理过程中，政府的权威不再具有唯一性，社会组织等非政府组织都可以参与到公共事务的处理中，并且提出的建议能够得到公众的认可，都可以成为权威中心。第二，自组织性。自组织与他组织具有相对性，主要是指开放的系统不受外界干扰的情况下，能够实现自行转变、发展，借助于其他系统的支持，从无序向有序发展的过程。自组织不受外界的支配，但是并非没有外界组织的参与。所以，政府也要积极地参与到社会组织建设中，提供一定的意见支持或政策支持。第三，治理主体之间的依赖性。参与的不同主体都有各自的资源、知识和擅长的内容，社会治理相对复杂，牵扯的内容和因素较多，如果单独一个主体参与治理，难度较大，许多问题将无法得到妥善处理。第四，共同的规则。协同治理必须是多元主体参与、共同行动，同时要从不同的层面制定规则，协同治理的过程就是共同制定规则的过程。第五，政府的“元治理”角色。在治理过程中，政府的权力要相对削弱，但是要充分发挥出政府的指导作用。协同治理并非要将政府作用变小，而是要充分体现出政府的决策作用，政府在其中发挥的作用会更大、更重要。当前，协同治理理论在西方已经得到了广泛推广，在政治学、经济学等学科上都有所使用，对于许多棘手问题的解决和处理起到了非常重要的作用。“三治融合”对于优化治理结构的影响很大，还能够解决公共事务问题，同时也属于协同学和治理理论的范畴，也就是说，协同治理可能是“三治融合”的一种理想的理论模型。

三、“三治融合”协同治理的国内创新形式及启示

（一）浙江省台州市路桥区“一体两翼”形式

浙江省台州市路桥区通过对当前基层社会治理中的调研分析，找到制约基层社会治理发展中的问题，并提出了“一体两翼”治理

的概念来推动自治、法治、德治三者的融合。台州市路桥区首先梳理了自治、法治、德治三者之间的逻辑辩证关系，认为自治是法治、德治的目标，因此也应该成为基层社会治理体系的核心目标，从而确立了自治、法治与德治三者在推动基层社会治理格局走向优化的过程中是“一体两翼”的关系，即以群众自治为主体，法律和道德则是群众自治的辅助工具和手段。打造“一体两翼”基层社会治理体系，就是要在政府主导下，处理好自治、法治与德治三者之间的协同关系，用自治激发民主活力，用法治推进现代治理，用德治激荡文明乡风，达到“自转+公转”的有机结合，探索出一条“管理民主”向“治理有效”升级的特色之路，通过系统推进、互动共治，实现政府治理、社会自我调节与居民自治良性互动的有效治理。

（二）四川省德阳市“一核三治”形式

四川省德阳市紧扣治理体系和治理能力、法治思维和法治方式、法治意识和法治习惯三大主题，深入推进基层治理体系和治理能力现代化建设，创新实践出以党的领导和法治、德治、自治有机结合的“一核三治”基层社会治理做法。其中，党的领导与法治、德治、自治的高度融合是德阳市基层社会治理实践中的突出特色和基本经验。在具体实践中，德阳市坚持党委领导核心地位不动摇，把党的领导贯穿于基层治理全过程和各方面，通过领导和支持各类行政组织、经济组织、社会组织和群众自治组织依法依规依章程行使职权，强化基层党组织在基层治理中的领导核心地位，推进基层法治、德治、自治“三治一体”，主要做法有以下几方面：一是坚持以“一核三治”思路，提升基层治理能力；二是坚持以“关键少数”为重点，多层级凝聚法治建设合力；三是坚持以市人大及其常委会为主导，规范行使地方立法权；四是坚持以职能转变为方向，多举措推进法治政府建设；五是坚持以人权保障为依归，深层次推进司法体制改革；六是坚守安全生产、食品药品安全、社会稳定三条底线为支撑，立体化增强人民群众获得感；七是常态化保障改革发展民生稳定；八是以立体监督为手段，持续健全权力制约机制。

（三）国内创新形式的启示

在推进基层治理现代化中，首先，要充分发挥党组织领导核心作用和政府引导作用，始终坚持党的领导和发挥好政府的引导作用两个关键点。其次，要充分发挥人民群众的主体作用，要积极引导群众从被动接受转变为主动参与。最后，要充分发挥法治的规范和保障作用，以村规民约的制定实施为例，制定过程要符合法定程序、条文内容要符合法律规范、公布实施要符合法治精神，从而可以保证村规民约制定落实工作能在法治的轨道上运行。

四、国外基层社会治理的主要经验及启示

（一）美国社区自治模式

在传统的民主自由理念、完善的法律和地方组织体系的大背景下，美国逐渐形成了社区自治的治理模式。美国社区自治模式有以下几个明显特征：一是政府管理有序；二是分工合理；三是民众主动参与。政府在其中起到以下几方面的作用：一是制定相对完善的法律制度；二是宏观指导非政府组织和居民，并提供一定的政策和资金支持；三是以资金发放来支持社区运行；四是统筹分配公共资源并制定相关政策进行调节引导。其中的治理主体包括政府、NGO、民众等。美国的模式是自下而上的，它先为政府管理收集民意，然后政府针对民意作出积极反馈，从而激发了广大居民参与社区治理

的热情。这种社区自治模式之所以能够见效在于它能实现政府的集中分配、高效管理与居民积极参与三方面有机结合，这对于完善“三治融合”具有一定借鉴意义。

（二）新加坡政府主导模式

在传统的政府管理体制和民众的顺民心理影响的背景下，新加坡逐渐形成了政府主导的社区治理模式，其主要特点为政府直接管理和社区居民积极参与。在这种管理模式中，政府起的主要作用是自上而下指定相关机构对社区进行有效管理，以及培养管理人才并提供资金方面的支持。这种政府主导模式之所以能奏效是因为新加坡国土面积较小、人口较少的国情方便政府制定和落实相关管理机制。在新加坡政府主导模式中，政府由上而下指定相关机构对社区进行有效管理的成功经验，对于厘清“三治融合”涉及的相关职能部门职责以及更好发挥协同作用具有一定借鉴意义。

（三）日本混合管理模式

在政府高效管理和国民高度自律心理的大前提下，日本社区混合管理模式应运而生，即政府、民众一起负责社区管理。它的主要特征是政府管理和民众参与高度融合。也可以说，日本社区是处于半自治状态。政府在其中起到的作用主要有以下几方面：一是指导、支持并监督社区工作；二是为社区运营提供资金支持；三是引导公益组织开展社区活动；四是听取民意，保障社区居民参与社区治理的权利。其中町内会、自治会是日本居民基于地缘关系自发组建的居民自治组织，是日本社区治理的最小单元，源于日本国内以多元主体参与为基本特征、以居民高度义务感为内生动力的社区治理机制。在日本混合管理模式中，政府管理和民众参与有机结合对于

"三治融合"中充分发挥政府和民众主体的作用具有一定借鉴意义。

（四）国外基层社会治理的主要启示

美国、新加坡和日本这三种社区治理模式是根据其本国国情经过实践创新得出的治理成果。虽然三者有各自的特点，但是有个相同点即都是以实现社区民众自治为最终目标，尽可能地还权于民，政府逐渐从"划桨者"转变为"掌舵者"并在其中起到宏观主导的作用。①

五、自治、法治、德治三者协同机制分析

（一）自治、法治、德治三者协同的基础

1. 社会治理方式从政府管控转向多元共治

基层社会治理能力直接关乎国家稳定和社会发展，但社会转型改革过程中不可避免出现纠纷冲突，对传统社会治理造成挑战。随着社会利益关系趋于复杂，利益主体逐渐增多，社会民众的价值取向也会出现一定变化，社会转型所带来的冲突逐步显现，这意味着传统社会治理方式面临一定挑战。以往政府部门大包大揽的管理模式已难以满足实际需要，经济建设和社会发展推动国家治理模式变化，即从政府管控式管理，转变为多元共治式治理。相比"政府"和"社会"之间相互分立和脱离的"社会管理"，"社会治理"注重于随政府部门、私人单位、第三方社会机构、公民个体在参与共同事务管理中采用多渠道、多元化的方式进行治理。治理理论认为政府、市场和社会三者之间需要以动态联动的方式共同参与国家治理，

---

① 吴旭红：《智慧社区建设何以可能？——基于整合性行动框架的分析》，载《公共管理学报》2020年第4期。

当前社会治理已逐渐从政府管控，转向党委领导、政府部门负责、社会机构联动、公民个体参与等多元共治模式。

2. 政府机构设置和各自职能的协同

基层社会治理涉及的政府部门较多，这些部门具有相互联动的关系。政府部门在开展自治、法治、德治的过程中保持紧密合作，如民政部门负责，居（村）委会参与进行自治；政法部门负责，司法部门和社会第三方律师机构参与进行法治；宣传部门、组织部门、文教部门、团委等负责，社会道德团、乡贤会、志愿者队伍等参与进行德治。各政府主管部门在自身领域展现职能效应，并在相互配合、相互影响的环境下提高治理效果，这也同时展现出各政府部门在基层社会实践中的管理框架、组织分工等方面有实现协同的基础。同时，《中共中央关于深化党和国家机构改革的决定》中指出，要在坚持“优化协同高效”原则下，不断深化党和国家机构改革，要按照科学合理、权责一致的要求来优化党和国家机构设置和职能配置，要按照有统有分、有主有次的要求来加强相关机构的配合联动和有序协同。[1] 总之，优化政府机构设置和职能配置，是深化党和国家机构改革的重要任务，也将为“三治融合”实现协同治理奠定组织基础。

3. 政府、社会组织和民众三者“共享”目标的协同

党的十九大报告明确指出，“打造共建共治共享的社会治理格局”，这同时也是我国未来社会治理的主要目标，体现出新时代背景下的社会治理要点。“共建共治共享”不仅是社会治理的目标，同时还是完成该目标的渠道，集中展现出党和国家在社会治理层面上的

---

① 《中共中央关于深化党和国家机构改革的决定》，https：//www. gov. cn/zhengce/2018-03/04/content_5270704. htm，2023 年 11 月 5 日访问。

智慧，是强调“以人为本”，贯彻科学发展观的集中体现。治理目标在社会各方力量不断博弈中，最后与民众意愿的“最大公约数”形成共识。最终充分激发民众参与积极性，使得民众能够在自主参与过程中实现自由表达，并切实提高自身参事议事水准，增强自我获得感，进而推动社会力量投入基层社会治理，形成具有时代性的治理环境。

（二）自治、法治、德治三者协同的内在机理

在基层社会治理中，德治作为“先发机制”，主要起到预防矛盾发生的作用，另外还是自治和法治的“润滑剂”。自治作为“常态机制”，在任何事务中都能起到自身作用。法治则是自治和德治的全程保障机制。自治和法治都比较刚性，往往需要德治的润滑作用。自治、法治和德治具有一定差异性，三者的运用模式、功能、作用并不相同，各自存在优势与劣势。总体而言，自治、法治和德治并不属于同一层面，其中自治为治理核心，法治为治理保障，德治为治理基础。自治、法治和德治三者实现协同，就是要以自治实现法治、践行德治，要以法治规范自治、保障德治，还要以德治支撑自治、促进法治，最终实现民意、法律和道德的有机结合，使得自治、法治和德治三者相得益彰。自治、法治和德治三者能够在一定条件下进行组合，实现基层社会善治的目标。但善治质量、水准可能会存在一定差异，一般而言，“单一治理”弱于“两两组合”，“两两组合”弱于“三者组合”。此外，自治、法治和德治能够根据各自强度差异形成不同组合，展现出不同治理效能，能够实现更多治理目标。自治、法治、德治三者协同的要求不是停留在将三者简单叠加组合，而是要以三者高度融合为着眼点，从而进一步明确“三治融合”的目标、整合“三治融合”的资源、提炼“三治融

合”的理念、创新“三治融合”的方法，为实现基层社会善治提供治理路径。

第四节 “一核引领、多元共治”推动社会治理创新[①]

一、概念

“一核引领、多元共治”是指在以党建为核心的引领下，多元化的主体通过共同的治理机制，协同构建自治、法治、德治、智治和技治等多元社会治理模式。其中，中心轴线是指国家权力与人民权益的平衡点，是治理体系的核心，而多元主体则是指政府、市场、社会组织和个人等各种治理主体。“一核引领、多元共治”推动社会治理创新，既保证了国家权力的有效运转，又满足了多元治理主体的权利需求，从而实现治理体系的协同效应。

二、内涵

“一核引领、多元共治”的内涵主要表现在以下几个方面：

(1) 自治治理。自治是多元主体之间的权利共识，是基于自愿原则和自我管理能力的一种自治治理模式。这种治理模式的主要特色是治理主体的自我组织和自我管理能力强，可以自行制定和执行治理规则，从而提高治理效率。例如，社区自治、行业自治等。

(2) 法治治理。法治是指依法治理下的一种治理模式，即在法律规范下，政府、市场、社会组织和个人等各种治理主体共同协作，维护社会公共利益和个人权利。这种治理模式的特点是统一规范、

① 郭晔：《论中国式社会治理现代化》，载《治理研究》2022年第3期。

公正公平，有效保护人民的权利。例如，司法公正、行政执法等。

（3）德治治理。德治是基于道德伦理和社会公共利益的一种治理模式，即在道德规范下，各种治理主体自觉遵循公共利益，增强自身的道德素养，从而实现多元治理主体之间的和谐协作。这种治理模式的特点是主体之间的道德自律和互助合作，在社会治理中具有重要作用。例如，志愿者服务、慈善捐助等。

（4）智治治理。智治是基于信息和技术的一种治理模式，即通过信息技术手段，对社会治理进行科学管理和精细化运营，使治理效率更高、成本更低。这种治理模式的特点是信息透明、智能化、高效率，符合信息化社会的发展趋势。例如，智慧城市建设、智慧交通等。

（5）技术治理。技术治理是基于科技发展的一种治理模式，即通过科技手段，对某些社会问题进行技术创新，提供技术支持和服务，解决社会治理难题。这种治理模式的特点是技术含量高、创新性强、可持续性好。例如，环境治理技术、医疗技术等。

三、与传统社会治理模式的区别和优势

与传统的单一治理模式相比，“一核引领、多元共治”具有如下优势：

（1）多元主体的参与。传统的社会治理模式主要由政府独立承担，而“一核引领、多元共治”则充分利用市场、社会组织和个人等多元主体的力量，实现多元治理主体之间的有效协作、合作和竞争。

（2）协同效应的提升。传统的社会治理模式主要是单一主体运作，而“一核引领、多元共治”则是由多元主体通过共同的治理机

制协同构建，形成协同效应，提高治理效率。

（3）规范的权力结构。在传统的社会治理模式中，政府权力过于集中、市场机制不够成熟、社会组织权利不够完善、个人权利保障不足等问题比较突出。而“一核引领、多元共治”过程中，权力结构得到更好的规范和平衡，使各种权力更加合理、公正。

（4）行政成本的降低。在传统的社会治理模式中，政府承担的社会治理任务较多，行政成本较高。而“一核引领、多元共治”过程中，每个治理主体都承担各自的责任，有效降低了政府的行政成本。

总之，“一核引领、多元共治”是基于现代社会治理需求而形成的一种全新治理模式，它在保证政府权力的同时，也能够满足多元主体的权利需求，实现治理效率和公正的双重目标。

四、理论基础

“一核引领、多元共治”是一种基于社会共治理念的治理理论。共治是指各个社会主体按照不同的职责，协同合作，共同承担社会治理工作，实现治理共同体的形成；“一核”则是指在以党建为核心的引领下，建立一个以政府为中心，以公共服务为导向的治理机制，形成一种整体性、协同性、包容性的治理体系。“一轴多元共治”理论的主要理论基础如下：

（一）社会共治

社会共治是指各种社会主体在各自的领域内，通过协同合作、共同协商、协调沟通等方式，共同参与社会治理活动的过程。实现社会共治需要各种主体协同作战，各自负责，相互配合。社会共治的实现方式与机制可以分为多种类型，包括政府与民众的共治、公共机构与民众的共治、企业与民众的共治、社会组织与民众的共治等。

（二）治理共同体

治理共同体是指在社会共治的基础上建立的、由各种主体组成的协作体系。治理共同体由社会各层面的各种利益主体共同参与，是一种行动整合和协同的治理机制。治理共同体以实现共同利益为主要目标，以便于主体的互动、协作和共同治理为内在逻辑。此外，治理共同体还应该具备良好的组织架构、分权制衡、公共参与等特点。

（三）公共服务

公共服务是指政府依法提供的服务和管理事务，旨在保障公民权利和福利，维持社会安全、稳定、和谐的一项重要职责。在“一核引领、多元共治”中，政府依据公正、透明、高效的原则，建立并提供各种公共服务，鼓励和引导各种社会主体参与到社会治理工作中来，从而形成一种多元化的治理机制。

（四）政府主导

政府主导是“一核引领、多元共治”的重要组成部分。在此理论中，政府作为治理共同体的核心，扮演着重要角色。政府作为社会治理的第一责任人，应该依据公正、透明、高效等原则，制定和实施政策、法规、措施，提供公共服务，引导和协调各种社会主体共同参与社会治理活动。同时，政府还应该具备落实、协同等能力，与各种社会主体协同作战，建立起一个高效、稳定、有序的治理机制。

五、适用于中国社会治理的原因

“一核引领、多元共治”作为一种基于社会共治理念的治理模式，适用于中国社会治理的原因如下：

（一）具有高效性

中国是一个庞大的多元社会，治理面临着巨大的挑战和压力。而“一轴多元共治”注重政府与各种社会主体之间的协作合作，通过各种手段和措施，协同作战，形成一种行动整合和协同的治理机制，从而有效推动社会治理的进展。

（二）具有稳定性

“一核引领、多元共治”鼓励政府与各种社会主体之间的协同合作，共同承担社会治理工作，形成一种整体性、协同性、包容性的治理体系。它可以弥补政府在治理中遇到的不足，从而有效提升社会治理的稳定性和可持续性。

（三）具有可行性

中国政府在社会治理中扮演着重要角色，而“一核引领、多元共治”作为一种以政府为中心的治理机制，可以充分发挥政府的作用，依据公正、透明、高效的原则，提供各种公共服务，引导和协调各种社会主体共同参与社会治理活动，具有高度的可行性和可操作性。

六、可行性分析

“一核引领、多元共治”作为一种全新的治理模式，其实施过程既需要政府在政策、法规和措施上的支持，也需要各种社会主体的积极参与。它的实施过程可以分为以下几个步骤：

（一）政府领导

政府作为治理共同体的核心，应该领导社会治理工作，提供公共服务，引导和协调各种社会主体参与社会治理活动。同时，政府还应该注重科技创新，提升治理效能，加强对社会治理工作的监督和管理。

（二）各种社会主体参与

“一核引领、多元共治”强调各种社会主体的协同合作，共同承担社会治理工作。政府应该鼓励和引导企业、社会组织、公共机构以及民众等各种主体参与社会治理活动，共同推动社会治理的进展。

（三）建立科学化评价体系

要推行“一核引领、多元共治”，需要建立科学化的评价体系。政府应该依据社会治理现状，制定和实施相应的评价指标，将治理进展情况进行科学化的评估，为下一步治理工作的开展提供参考依据。

（四）加强社会治理能力建设

社会治理能力是推行“一核引领、多元共治”的基本保障。政府应该加强社会治理能力建设，培养和提升各种主体的治理能力，提高社会治理的效率和质量。

第五节　“科技赋能”的社会治理数字化

一、数字化改革

数字化改革是数字化革命、数字化转型和数字化发展的延伸。数字化革命，也被称为第三次工业革命，主要是指电子计算机的使用和通信设备的发明以及快速应用。数字化革命将传统工业进行机械化、自动化的改造，达到减少工作成本，提高工作效率的目的。数字化改革是新一轮的科技革命，将促进社会各领域的产业变革，通过不断深化应用以互联网、人工智能和云计算、物联网等为代表的新一代信息技术，借助新时代大数据分析能力，提升信息时代发展潜力，推进社会各领域创新转型，加速治理体系优化升级，优化提升传统动能，培养激发各领域新动能，创新发展获取新价值，实现社会治理体系的变革和各领域产业变革。这是一场关系到社会、经济发展全局，涵盖从生产关系到生产力的全面变革；还是一场复杂的系统性的变革，需要不断聚焦问题、分析问题和解决问题，更需要实时关注系统应用的场景、行为与功能的匹配，最后工作重点将逐渐变为对系统状态、演化的把握和控制。数字化改革在开展过程中也是实践和理论共同促进的，实践将信息化技术当作探索世界的工具，并且将其当作驱动经济社会进步的重要因素；理论将深化对经济、社会发展规律的认识，逐渐形成科学的发展观，推动形成科学的生产方式和社会治理方式。在变革的过程中还要维护基础建设的安全可靠，打击黑客的不法行为，真正保障数字化发展过程中的公平和创新，保护所有人的数字产权，达到包容性增长。

习近平总书记在浙江工作时，创新性地提出了要建设“数字浙江”的战略部署，并且要求将建设“数字浙江”作为一项战略性任务、基础性工作、主导性政策研究好、落实好。党的十八大以来，习近平总书记在多个重要场合、重要会议上，对数字中国、数字化改革、数字政府建设发表了一系列重要讲话，形成了思想深刻、内涵丰富的理论。他主持召开的中央全面深化改革委员会第二十五次会议强调“以数字化改革助力政府职能转变”，对数字化改革、数字政府建设作出部署，明确了数字政府建设顶层设计，为我们推进数字化改革、数字政府建设提供了根本遵循。浙江省根据习近平总书记的指示精神，坚持将“数字浙江”一张蓝图绘到底，全面铺开数字化改革、数字政府建设。先后推出“最多跑一次”“四张清单一张网”、政府数字化转型等重大决策，率先开始数字化改革，全面推动改革向更加广泛和更加宽泛的方向发展。

政府数字化改革和数字政府建设必须以人民为中心，才能更好地推进经济社会发展。一是提升政府管理效能。将数字技术深入应用于政府管理，推进政府办公自动化，推动政务公开化，促进程序规范化，实现决策科学化，进而提高政府管理效率和水平。将数字技术与政府治理深度融合，将政府全量化数据与治理业务融合、共享，推进数据重塑政务流程，实现数字化政府效能提升的支撑作用。

二是建设高效便捷的政务服务体系。充分运用云计算、人工智能、大数据等新一代数字技术，通过整合事项清单、权力清单、负面清单等，提升社会监督便捷程度，优化营商环境。深化“一网通办”“最多跑一次”改革措施，让数据多跑路，让群众少跑腿；加强“互联网+监管”平台建设，实现监管数据互联互通，提升监管执法能力，切实保障百姓合法权益。

三是建设智慧协同治理体系。数字化改革是对政府治理体系和治理能力的全方位、系统性的变革。政府单位依托全量数据，采用人工智能等技术，发挥数字化在经济调节、社会治理、市场监管、公共服务、环境保护等方面的支撑作用，深挖数据价值，建立指挥系统体系，建设宏观调节与微观治理联动，事件管理与技术应用融合，实现对整体智治的技术支持，构建智慧化的协同治理体系。

浙江省是数字化改革的先行地，通过多年的实践和摸索，形成了相对完善的数字化改革理论。数字化改革是指充分运用数字化思维、数字化技术和数字化认知，以数字化理论为基础，围绕数字政府、数字经济和数字社会等建设目标，通过将数字化理论、成果和思维与政治、经济、文化、社会、生态文明等方面充分融合，实现社会各方面运行模式的数字化的改造，实现从理论体系、顶层设计到治理方式的改造重塑。在浙江，数字化改革全面深入应用在党政机关整体智治、数字经济、数字政府、数字社会和数字法治五大领域、一体化公共数据平台以及理论体系和制度规范等建设当中，对数字化改革当中的“整体智治”“系统重构”“数据治理”“数据开放”“数据共享”等术语进行了统一定义。数字化改革将是今后一段时间内的重要工作，是实现全面高效协同、整体智治的手段，是全面推动治理能力提升、经济社会发展的动力。

二、理论基础

（一）科技赋能

科技赋能是以数字化改革为基础，推动社会经济生活中的生产、生活方式变革，实现数字技术与实体经济的融合，推动传统产业改革升级，推动经济高质量发展。数字赋能政府治理，是以政府数字化改革为抓手，推动政府效能、政府服务和政府治理等方面的变革，实现数字经济与政府治理的融合，进而推动政府治理的高效发展。2021 年 3 月 11 日，第十三届全国人大第四次会议通过的《中华人民共和国国民经济和社会发展第十四个五年规划和 2035 年远景目标纲要》着重强调了数字赋能在我国经济高质量发展中的作用。随着新一代数字技术的蓬勃发展，大数据、区块链、人工智能、云计算等新技术的应用，促使传统治理方式加快数字化转型，改变传统的政府运转方式，深化“放管服”改革，加快推进数字政府建设，既可以实现高效治理，又可以推动社会经济发展。

第一，数字赋能是推进政府数字化改革的基础。改革要坚持问题导向，以需求牵引实现改革，通过精准识别需求，找准政府改革和社区治理的需求和最迫切要解决的问题，运用数字技术对政府数据进行分析和挖掘，拓展政府与群众的互动与对话渠道，提高改革需求的精准性，提升政府服务匹配效率。①

第二，数字赋能要持续夯实数据基础。数据是一切信息的载体，是记录和显示客观事物状态的信息。以互联网、大数据和智能设备为主体的现代技术，推动了现代社会人、机、物的数据化，使人物、事件等可以量化为数据，为政府治理和发挥效能提供了观察、记录和分析的渠道。数字赋能以信息为基础，充分利用数据的同时，要注重个人信息和政府信息的安全。

第三，现代技术驱动数字赋能。数字赋能离不开科技的发展，以大数据、人工智能等为代表的现代技术，为实现政府数字化改革以及数字赋能政府治理提供了工具。我国拥有全球最佳的政府数字化改革环境，这需要我们自主研发核心科技，打破传统思路，建立政府数字化改革的思维模式，推动数字赋能改革。

第四，数字赋能的应用场景。数字赋能需要合适的场景应用，高效优质的改革服务与管理需要建立在需求基础上。我国政府数字化改革和群众服务手段落后之间的矛盾，是数字赋能的合适场景。数字赋能要以特定的问题为中心，政府通过数字化改革优化行动主体组织功能，形成一种常态化的改革制度，逐步推动体制机制变革，实现监督、考评与问责以及治理等革新。

---

① 邓攀、蓝培源：《政务大数据：赋能政府的精细化运营与社会治理》，中信出版社2020年版，第156页。

（二）治理理论

“治理”在西方的理论研究中是操纵、控制与指引的意思，在中国则有管理的内涵。“治理”一词最早可见于《孟子》：“君施教以治理之”，将德礼教化确立为最为基本的治理方式。在中国古代，“治理”与“统治”几乎是一个意思，意为“君主和国王对国家的治理和统治”。治理理论内涵主要包括元治理理论、多中心治理理论、整体性治理理论、协同治理理论等多种理论。

第一，元治理理论是指为了达到最好的治理成效，将多种治理手段和方法融合运用的治理模式。治理方式如果过于单一化，将影响治理的效果和效率，元治理理论提出要将多种治理方式共同用于解决政府和市场一起失灵的问题，从而达到最好的治理效果。

第二，多中心治理理论是埃莉诺·奥斯特罗姆和文森特·奥斯特罗姆（Elinor Ostrom & Vincent Ostrom）对美国多个城市的公共服务供给作了大量相关调研之后提出的，与单中心治理理论相比，多中心治理理论具有丰富的理论基础，包含立宪秩序理论、自主治理理论、公共经济理论等。

第三，整体性治理是从纵向到横向的一体化的治理形式，该治理模式有助于加强多元治理主体间的合作互动，缓解各方的矛盾。整体性治理运用互联网等技术，实现了跳跃式的突破，影响范围渐次扩大。在我国整体性治理是符合当前需要的，当前正在推动形成具有中国特色的整体性治理理论。

第四，协同治理是指多元治理主体一起参与治理，逐步达成共识的过程。协同治理注重的是各治理主体之间平等交流对话，建立各方信任并达成共识。协同治理理论与整体性治理理论在我国得到了众多学者的认同，并在实践中推进了社区的良性发展。

（三）基层治理现代化理论[1]

治理现代化本属于管理学的概念，作用是要有效应对国家失效和市场失灵。党的十八届三中全会通过了《中共中央关于全面深化改革若干重大问题的决定》，明确了“治理”及“治理现代化”的含义。该决定指出，全面深化改革的目标是“完善和发展中国特色社会主义制度，推进国家治理体系和治理能力现代化”，习近平总书记在党的十八届三中全会第二次全体会议上明确了“国家治理体系”和“国家治理能力”的内涵。基层治理现代化是依托于党的十八届三中全会中提出的“国家治理体系和治理能力现代化”的背景下提出的。社区作为联系国家和群众的纽带，治理行为多变，治理环境复杂。基层治理作为中国城市治理体系的重要组成部分，对于国家稳定和发展具有重要意义。

（四）数字化社区治理理论

数字化社区治理的理论逻辑来自计算机的发展，将社区治理作为一个信息化的系统体系，根据社区治理应用需求，统筹制订顶层规划，建立信息层、数据层、交换层、处理层以及应用层各层级，构建层级之间的互通机制，实现社区数字化治理模式。用互联网思维，将社区治理看作动态治理的过程，充分应用省、市、区各级智能治理手段和智慧化的应用系统，提升社区治理质量和水平。同时，要以政府为引导者，发挥社区治理各参与单元的积极性，建立多元社区治理共同体，找出社区治理多元主体责任的平衡点，实现社区智能化治理。从技术上说，数字化社区治理依赖于信息技术的发展，

---

① 丁煌：《当代西方公共行政理论的新发展——从新公共管理到新公共服务》，载《广东行政学院学报》2005 年第 6 期。

如城市智慧基础设施建设、网络环境的畅通、信息化人才的培养、网络素养环境的构建等。从政策上说，需要政府制订顶层规划，出台指导性文件，明确数字化社区治理体系架构。从体制上说，需要多元主体参与治理，建立共建共治共享的体制机制，各司其职，共同推进数字化社区治理。数字化社区治理，不只是强调硬件或者平台的建立，而是从技术应用到体系构建、机制建立的全过程建设，实现用现代技术解决社区治理的各类问题。

第二章

数字治理的理论阐释

第一节　数字治理理论的发展沿革

一、数字治理理论的起源与发展

数字治理理论的起源可以追溯到20世纪80年代初期，当时工业化和信息技术的快速发展引起了人们对社会组织与治理方式的关注。专家学者开始关注数字技术在社会治理中的应用，包括基于互联网的电子政务、公共信息服务、社区建设等方面。此时，数字治理理论主要是基于传统行政理论和新兴信息技术理论的交叉研究，在理论上仅仅处于探索阶段。

随着互联网的普及和全球数字化的推进，数字治理理论也得到了更多的关注和研究。在20世纪90年代，数字治理理论逐渐从信息技术的应用进入了治理范畴的研究，引入了传统治理理论的思想和方法，如参与治理、公共决策、社会合作等。这些概念为数字治理理论的发展奠定了基础，同时也引发了对数字治理理论本身的再思考。

随着数字技术和互联网的飞速发展，数字治理理论的研究也越来越深入。21 世纪初，数字治理理论开始引入网络协同、大数据、人工智能等新兴技术，进一步强调数字技术在治理中的重要作用，并提出了数字治理的新理念和新模式。

二、数字治理理论的创新与变革

数字治理理论的创新与变革主要集中在以下几个方面：

1. 数字治理的理论框架

数字治理包括政府、社会组织、企业、个人等多方参与，因此数字治理理论的研究需要建立一个完善的理论框架。数字治理理论的创新之处在于它将治理的范畴扩大至数字技术的应用，强调数字技术在治理中的重要性，并提出了数字治理的新理念和新模式。

2. 网络协同的应用

网络协同是数字治理的核心理念之一，它能够促进政府、个人和企业之间的合作和互动。网络协同的理念在数字治理中得到了广泛应用，如利用互联网平台实现政府与个人的互动、基于大数据的协同分析等。

3. 大数据的应用

大数据是数字治理的重要手段之一，能够帮助政府和企业更好地了解公众需求、预测社会动态和发展趋势。数字治理理论的创新之处在于将大数据与治理紧密结合起来，通过数据分析提高政府的管理效率、提升公共服务水平等。

4. 人工智能的应用

人工智能是数字治理的新兴技术之一，其具备深度学习、自然语言处理等优势，可以实现自动化决策和智能化管理。数字治理理论创新之处在于将人工智能与治理结合起来，如利用人工智能实现公共安全预警、智能化城市管理等。

三、数字治理理论在国际上的应用

在国际上，数字治理理论的研究也得到了广泛关注。在数字治理国际研究中，欧美国家比亚洲和非洲国家更为先进。

美国是数字治理研究的“领头羊”，在美国，数字治理已成为公共管理领域的重要议题。美国政府在数字治理方面进行了多项尝试和创新，如数字化选民登记、数字身份认证等。欧洲是数字治理理论和实践的先进地区之一，欧盟在数字治理方面也进行了多项尝试和创新，如数字化公共服务、数字化城市管理等。在非洲，数字治理理论的应用也得到了一定的推广。例如，几内亚政府建立了数字化管理系统，利用数字技术提高了政府的管理效率。

总体来看，数字治理理论的发展已经成为全球治理领域的重要议题，数字治理理论在全球范围内得到了广泛的应用和推广。未来数字治理的发展应该注重数字技术的创新和应用，同时更注重数字治理理论与实践的互动与共同发展。

四、数字治理理论的未来发展趋势

数字治理理论是指基于数字化技术的治理理念、方法和工具，致力于提高治理效率、优化治理结构、增强治理能力，推动社会治理现代化和智能化。数字治理理论已经成为当今世界各国政府推行数字化转型和智慧城市建设的重要理论支撑，同时也是社会科学研究、公共管理和信息技术融合创新的前沿领域。本章节将从数字化与社会化的深入发展、数据化与智能化的融合以及数字治理理论与人类社会发展的互动关系三个方面探讨数字治理理论的未来发展趋势。

（一）数字化与社会化的深入发展

随着互联网和移动互联网技术的不断发展，数字化已经深入到各行各业的发展中，并且对社会的各个方面产生着越来越大的影响。数字化已经成为未来社会的发展趋势，数字技术将会在社会中扮演越来越重要的角色，数字化与社会化的深度融合是数字治理理论未来发展的重要趋势之一。

数字化与社会化的深入发展体现在三个方面：第一，数字技术将全面渗透到社会治理的各个领域，政府、企业和公众都将用数字技术来实现信息共享、协同办公、数据交换和商业交易等目标。例如，数字治理理论将有助于政府实现信息化管理、智慧城市建设和治理创新，企业将通过数字技术实现生产效率、资源优化和网上营销等目标。第二，数字化与社会化的融合将推动社会治理的创新和升级，数字技术将为治理结构提供智能支持、创新服务和智慧运营等方面的支持。例如，数字化治理将有助于政府加强社会治理、提高民生福利与实现公共服务的立体化、智能化、便捷化和个性化。第三，数字治理理论的深入发展将为社会治理体系的改革提供新的思路和路径，数字技术将为政府、企业和公众提供更为优质、高效和创新的治理服务和资源共享。

（二）数据化与智能化的融合

数据化与智能化的融合是数字治理理论未来发展的另一个重要趋势。数据化与智能化的融合是数字治理理论的重要内容之一，是以大数据、人工智能、物联网等技术为支撑，将数字化信息转化成为有用的数据和知识，从而实现智能化决策、智能化管理和智能化服务的过程。

数据化与智能化的融合将带来三个方面的变革：第一，数据化与智能化的融合将实现社会治理的数字化、可视化和实时化，使得政府、企业和公众能够更为科学和准确地了解社会状态、动态和变化。例如，政府可以通过大数据和智能分析实现公共预警、信用评价和风险监测等目标；企业可以通过大数据和人工智能实现智能化营销、推荐系统和客户精准服务等目标；公众可以通过智能化服务实现智能化购物、生活、旅游、娱乐等目标。第二，数据化与智能化的融合将加快社会治理的创新和升级，实现政府和企业的智能化管理和服务，促进社会生产力和市场变革。例如，政府可以通过智能化管理实现行政效能的提高、服务质量的提升和创新管理的加强；企业可以通过智能化服务实现生产效率的提高、资源配置的优化和智能化创新的发展；公众可以通过智能化服务实现生活品质的提升、精神文化的丰富和消费满意度的提高。第三，数据化与智能化的融合将为社会治理体系的改革提供更为科学、系统和创新的思路和路径，推动社会治理体系和治理能力的不断提升。

（三）数字治理理论与人类社会发展的互动关系

数字治理理论与人类社会发展的互动关系是数字治理理论未来发展的重要内容之一。数字治理理论的发展是由人类社会发展的需要和推动而来，数字治理理论的应用和创新也将促进人类社会的发展和进步，数字治理理论与人类社会发展的互动关系将是数字治理理论未来发展的根本所在。

数字治理理论与人类社会发展的互动关系体现在三个方面：第一，数字治理理论的发展需要人类社会的发展和进步，数字治理理论必须与人类社会的发展需求和趋势相结合，为人类社会的持续发展和进步提供支撑和帮助。例如，数字治理理论应该关注人类社会的生态环境、科技进步、文化传承和道德伦理等问题，提出数字治理的科学体系和路径。第二，数字治理理论的应用和创新将促进人类社会的发展和进步，数字治理理论的应用和创新将为政府、企业和公众提供更为优质、高效和智能的治理服务和资源共享，从而促进社会生产力、市场经济和社会发展。第三，数字治理理论将为人类社会的治理体系和治理能力提供新的思路和路径，数字治理理论将为政府、企业和公众提供更为科学、系统和创新的治理服务和方法，推动社会治理体系和治理能力的不断提升。

总之，数字治理理论的未来发展趋势将是数字化与社会化的深入发展、数据化与智能化的融合，以及数字治理理论与人类社会发展的互动关系。数字治理理论的发展需要不断探索创新、持续发扬优势、不断完善理论，为数字化转型和智慧城市建设提供思路和支撑，推动社会治理现代化和智能化。

第二节　数字治理理论的学术史梳理

一、国外研究综述

1. 数字治理相关研究

20 世纪末，“数字治理”概念首次被人们提出。因为其研究价值高，迅速成为学者们关注的重点，数字治理理论不断被完善，国外学者也将数字治理称作“电子治理”。与本书相关的数字治理领域文献主要可以分为数字治理的理论体系、数字治理的应用和数字治理作用机制三个方面。曼纽尔·卡斯特（Manuel Castells）在《网络社会的崛起》一书中提到，随着信息时代的到来，公共管理体系的发展有着新的要求和变化。该书讲述了关于数字治理理论的早期形态，可以说是比较早研究数字治理的文献之一。[①] 英国学者帕特里克·邓利维（Patrick Dunleavy）系统性阐述了数字治理理论，认为数字治理理论是融合了数字化的技术手段与治理理论，主张信息技术对社会治理有着重要的影响。

关于数字治理应用模式的研究，钟祥铭、方兴东认为，数字治理指的是利用信息化的技术，以地方政府为主导，将社会组织及企业进行整合，从而达到密切配合，最终完成政府制定的政策目标。[②] 我国的电子政务已初步建成了遍布全国县市级以上的网络基础平台和政府门户网站，正向优化电子政务模式、推进数字治理进程迈进。有学者认为，电子政务的概念是基于利用信息技术来实现电子民主、重组行政程序、增加公众参与进而提高政府决策的透明度和民主性。也就是将电子政务定义为改善民主化进程，最终根据公众、企业和社会的需要，实现“以人为本”的价值取向。[③]

2. 数字治理模式的研究

在数字时代，治理的目标是通过降低成本来促进社会和公众的发展，提供更便捷、更及时的公共服务。数字治理时代运用的信息

① 〔美〕曼纽尔·卡斯特：《网络社会的崛起》，夏铸九、王志弘等译，社会科学文献出版社 2001 年版。

② 钟祥铭、方兴东：《数字治理的概念辨析与内涵演进》，载《未来传播》2021 年第 5 期。

③ 叶帆：《电子政务的价值取向：以民为本》，载《行政与法（吉林省行政学院学报）》2005 年第 7 期。

与通信技术（ICTs）[①]，提高了传统的公共参与和跨界合作效率，为公众提供了更为便捷的服务方式，提升了政府治理效率。为了更好地满足各类主体的需求，公共机构应该与市场、企业、社会各界以及政府部门建立有效的合作伙伴关系，以确保各方的绩效水平能够得到充分的考量。公共机构需要跟市场、企业与公众之间建立有效的合作关系。这种新的公私合作关系不仅涉及传统的政府和商业合同的外包，还包括通过合同将一些公共服务职能从政府转移到企业和非营利组织等私营部门。

二、国内研究综述

1. 数字治理理论发展

数字治理理论可以追溯到20世纪80年代，当时计算机技术开始在政府中得到应用。数字化的数据收集、处理和存储给政府和企业带来了无限的可能性，但也带来了许多挑战。政府和企业需要一种新的管理方法来应对这些挑战，这就是数字治理理论的起源。数字治理理论最初被定义为政府和企业使用信息与通信技术（ICTs）来提高效率、效益和服务质量的过程。数字治理理论的目的是提高政府和企业的透明度、可靠性、效率和效益。

随着数字技术不断发展和创新，数字治理理论也在不断演变。数字治理理论的演变历程可以归纳为以下几个阶段：

（1）信息化建设初期阶段。20世纪80年代是信息化建设初期，政府和企业开始关注利用信息技术管理流程和数据。

（2）电子政务阶段。20世纪90年代末期，电子政务开始出现，

① 吴婵丹：《中国互联网、市场潜能与产业布局——基于新经济地理学视角的研究》，华中科技大学2015年博士学位论文。

政府利用数字技术改变政府组织结构和政府服务方式。

（3）数字政府阶段。21 世纪初，数字治理理论逐渐发展到数字政府阶段。数字政府是指政府机构使用数字技术来实现政府管理和服务的一种方式。

（4）智慧城市阶段。21 世纪头十年，数字治理理论又进入了智慧城市阶段，数字技术被广泛应用于城市管理和服务中。

数字治理理论除了以上阶段的演变，还有许多其他的主要表现形式，包括：

（1）数字化政府服务。数字治理理论致力于通过数字技术提供更优质、更便捷和更高效的政府服务。政府通过数字化的方式提供服务不仅能够提高效率，还能够大大提高服务的质量和覆盖面。

（2）数字化政府监管。数字化政府监管是指政府通过数字技术来监督和管理市场行为。数字化政府监管可以提高市场运行的效率和公正性，消除市场潜在的不公平因素，更好地保障消费者的权益。

（3）数字化政府治理。数字化政府治理是指政府在数字化时代基于数据和科技手段，对社会治理现状进行全面分析，提高社会治理水平，提供更优质、更高效、更便捷的公共服务。

（4）数字化政府建设。数字治理理论强调数字技术在政府管理中的应用和建设。具体来说，数字化政府建设包括数字政府基础设施、数字化公共服务中心、数字化公共服务平台等。

综上所述，数字治理理论作为数字化时代政府和企业管理的重要理论之一，随着数字技术的不断发展和创新，不断取得新的进展和成果。数字治理理论不仅能够提高政府和企业的管理效率和效益，还能够为社会公共服务提供更优质、更高效、更便捷的服务。未来，数字治理理论将继续发展和演变，为数字时代的政府和企业管理带来新的发展和机遇。

2. 文献评述

在现有研究中，电子政务的研究已有丰富的成果，但对于数字治理的研究尚未有普遍统一的研究成果，专门研究这一领域议题的学者相对较少。到目前为止，对数字治理的定义还存在着分歧，但在建立地方政府数字治理能力的评估指标体系时，对数字治理应该有一个比较统一和明确的定义。目前，关于数字治理理论的内容、特点和作用机理的认识还不够深入，制约了我国数字治理理论的发展。一些研究表明，以数字化管理与信息化的方式，将政府的管理功能进行整合，可以有效地改善政府管理的“碎片化”，以及各部门之间缺乏沟通与合作的状况。也有部分研究者对数字治理能否应对信息化时代带来的冲击提出了担忧，并分析了可能造成的后果。为了避免冲击，数字治理持续助力地方政府治理现代化，提出解决技术难题之外，应当在整个变革过程中重视人和社会的因素。同时多数研究也表明，数字治理能够提高政府运行效率。在信息时代，政府的数字治理能力，一定程度上反映出城市政府治理现代化程度，但细节问题并没有得到深入的探索，实证研究仍存在不足。

在过去五年中，国外学者对数字治理理论的研究，大部分都是展开了规范的经验研究，从一般意义的数字治理研究开始，不断地充实数字治理理论的治理范围，虽然我国学者在相关理论方面有着丰富的对比研究经验，但是在数字治理方面的对比研究却很少。出现这种情况的原因主要有两个：第一，数字治理理论是在治理理论与互联网信息技术结合的基础上产生的一种新的准范式，无论是其理论框架还是其应用实践，都呈现出了显著的数字时代的新特点。

它的出现时间非常短暂，这也是学者们缺乏对其进行比较研究的原因之一。第二，后新公共管理领域存在着大量的理论，其中，“数字治理”与“网络治理”“整体治理”等具有许多相似性，但由于数字治理在后新公共管理学中的重要性，目前学术界缺乏对它们的对比研究。

第三节 数字治理理论的主要类型

数字治理是随着数字技术在经济、社会和政治生活中的使用越来越多而出现的一种新型治理方式。一般认为，数字治理包括基于数字化的治理和数字治理，前者是将数字化作为现有治理体系中的工具或手段，以提高行政效率，如公共管理中强调的利用数字技术和数字分析对突发重大公共事件进行精确研究、预警和应急处理；后者是对数字世界中各种复杂问题的创新管理，这是政治经济学和国际关系等领域比较关注的问题。这些复杂问题又可以分为两种类型：一是数字生态所带来的经济、社会、文化方面的问题与风险，包括数字霸权、数字垄断、数字鸿沟、智能所带来的情感、暴力乃至仇恨等；二是数字技术及其在应用中产生的问题和风险，如数据泄露和操纵、信息污染、网络病毒、网络黑客等网络安全问题。

数字治理从出现到越来越被重视主要基于三个方面：第一，数字转型和数字全球化。随着移动互联网、大数据、云计算、物联网、人工智能等数字技术的突破和融合效应，全球化进入再全球化阶段，即以数字趋势为核心的全球化演变。在数字赋能下，商品、服务和资本在全球范围内流动，数字技术已经渗透到政治、经济、安全、社会、文化等各个领域，虚拟世界已经逐渐融入物理世界。第二，数字化治理为解决各类治理难题提供了新思路、新方法、新手段。

随着经济社会的发展，治理面临着更复杂的场景、模式、问题。利用数字技术实现数字化治理，打破传统治理存在的局限性，提升治理效率，显得尤为必要且重要。第三，数字化治理赋能国家治理。国家治理涉及不同领域、牵扯各个部门，需要各个部门协同解决方可见治理效能。数字治理可以有效打通信息壁垒，基于数据平台实现政府与社会、各区域间、各部门间的协同共治。数字化治理成为衡量政府治理能力的关键标准，也是提升国家核心竞争力的重要引擎，驱动提升政府治理体系和治理能力现代化。

数字治理是指利用数字技术进行治理的一种新型治理方式，它的出现是信息时代的必然产物。数字治理理论是数字治理的理论体系，主要包括数据治理理论、智慧城市治理理论、数字经济治理理论、舆情治理理论和信息安全治理理论。以下将从行业专业的角度详细介绍这些理论。

一、数据治理理论

数据是数字治理的核心，数据治理指的是管理和保护数据所需的一系列策略、流程和技术。如何获取、存储、处理和使用数据，是数字治理中最基本的问题。数据治理主要包括以下几个方面：（1）数据质量管理。确保数据的准确性、完整性、一致性和可靠性，以达到规范和有效的数据使用。（2）数据保护与隐私。为保护数据安全和用户隐私，采取如加密、访问控制、数据备份和恢复等一系列措施。（3）数据分类与归档。将数据分为重要和非重要的，采用不同的归档策略，最大限度地提高数据的利用价值和安全性。（4）数据治理流程。建立完善的数据治理流程，从数据的获取到使用再到归档，实现数据全生命周期的管理。

1. 数据治理的定义和发展历程

数据治理是一种管理方式，旨在通过对企业数据的定义、维护、管理和监管，以保证数据的可信度、可用性和稳定性。数据治理不仅仅是一种单一的技术，还涵盖了组织、流程、技术和规则等方面的集成。数据治理可以帮助企业在数据管理方面更加高效和合规。

数据治理的概念最早出现于 20 世纪 80 年代初，当时主要是为了应对企业数据不断增长带来的挑战。当时的数据主要依靠人工处理和存储，易于出现错漏。随着企业信息化程度的不断提高和数据量的暴增，数据管理的难度和复杂度也不断提高。为此，数据治理这种更加全面、系统的数据管理方式被提出并逐渐发展起来。

数据治理主要经历了三个发展阶段：数据管理、数据质量管理和数据治理。在数据管理阶段，主要依靠人工处理和存储数据，容易出现错漏和重复数据，数据管理效率低下；在数据质量管理阶段，主要重视数据的准确性、可靠性和完整性等方面，但难以保证数据的一致性和安全性；在数据治理阶段，主要通过规范的组织、流程、技术和规则等方面的管理，保证数据的一致性、安全性和完整性，提高了数据的整体管理能力。

2. 数据治理的基本原则和流程

数据治理的基本原则主要包括以下几个方面：一是以企业利益为导向。整合企业内部各个部门的业务需求，在保障数据安全和合规的同时，保证企业的整体利益最大化。二是以数据为中心。即把数据作为企业最重要的资产来管理。三是以组织为基础。建立相关组织与流程，并贯穿整个数据治理体系，以保证数据管理的效率和准确性。四是持续监管与改进。不断监管和完善企业数据的管理方式，以适应企业不断变化的业务需求。

数据治理的流程主要包括以下几个环节：

（1）数据策略制定。根据企业的业务需求和目标，制定相应的数据治理策略和规划，以保证数据治理的方向和目标的一致性。

（2）数据架构设计。建立相应的数据架构和模型，保障数据的规范和标准化。

（3）数据质量管理。建立数据质量监控和管理机制，以确保数据的准确性和可靠性。

（4）数据安全管理。建立数据安全管理机制，保护数据不被非法访问和窃取。

（5）数据合规管理。遵循和执行各种数据合规规范和标准，以保证数据管理的合规性。

3. 数据治理的组成部分

数据治理主要有以下几个组成部分：一是数据治理流程和组织。数据治理需要建立相应的流程和组织，保证数据治理的效率和准确性。二是数据管理和架构。数据治理需要建立相应的数据管理和架构，以保证数据的规范化和标准化。三是数据质量管理。数据治理需要建立相应的数据质量管理机制，以保证数据的准确性和可靠性。四是数据安全管理。数据治理需要建立相应的数据安全管理机制，以保护数据不被非法访问和窃取。五是数据合规管理。数据治理需要遵循和执行各种数据合规规范和标准，以保证数据管理的合规性。

4. 数据治理的意义和价值

随着信息技术的不断发展和应用，数据已经成为企业和组织最重要的资源之一。数据的价值和影响越来越被人们所认识和重视，对数据治理的研究和应用也变得愈发重要。数据治理是一种对数据的管理方式，它解决了数据的安全性、保密性和一致性等方面的问题，让数据成为企业和组织中的重要财富，提高企业和组织的信息利用效率和创新能力。数据治理的意义和价值体现在以下几个方面：

（1）增强数据的价值

通过数据治理能够确保数据的准确性、完整性和一致性，同时能够防止数据被篡改或泄露，确保数据的安全，提高了数据的使用价值和信任度。

（2）提高数据利用效率

通过数据治理能够规范数据的流程，减少数据处理的时间和成本，提高数据的利用效率，避免数据冗余和重复。这对企业和组织来说，能够大大节省时间和成本，提高工作效率，增强竞争力。

（3）推动数据创新

通过数据治理能够促进数据的创新和新技术的应用，提高企业和组织的竞争能力。随着数据治理的发展，越来越多的企业和组织开始重视对数据的处理和分析，寻找数据的创新模式，以此来提高企业和组织的竞争力。

5. 数据治理的启示和建议

（1）建立健全数据管理体系

建立健全数据管理体系是数据治理的基础。企业和组织需要制定适合自身的数据管理规定和制度，建立数据管理部门，明确数据的负责人和管理流程，确保数据的安全和有效利用。

（2）开展数据治理培训

数据治理虽然重要，但是在实际操作中也面临着一定的复杂性和挑战。为此，企业和组织需要为员工提供数据治理培训，培养管理者和员工的数据意识和能力，让他们掌握数据管理的基本技能和知识。

(3) 强化数据隐私保护

数据的隐私保护越来越被人们所重视，企业和组织需要在数据治理中强化隐私保护，保护用户和员工的个人隐私，确保数据的安全。

(4) 采用合适的数据管理工具和技术

数据治理离不开数据管理工具和技术的支持，企业和组织需要根据自身的情况，选择合适的数据管理工具和技术，提高数据的管理效率和质量。

二、智慧城市治理理论

智慧城市是数字治理的重要应用领域之一，它是指应用先进的信息技术和物联网技术，将城市的各项运行管理和公共服务整合起来，以提高城市的管理效率、公共服务水平和居民生活质量。智慧城市治理主要包括以下几个方面：(1) 城市数据治理。收集、存储、处理和分析城市各种数据，实现城市运行的实时监控和预测。(2) 城市规划和设计。基于城市数据，进行城市交通、环保、市政基础设施等方面的规划和设计。(3) 城市运行管理。通过数字技术实现城市交通、城市环保、城市安全等方面的运行管理，提高城市管理效率和公共服务水平。(4) 城市居民参与。通过数字技术，提高居民参与城市治理的积极性，实现城市民主化和社区治理。

1. 智慧城市的概念解读

智慧城市是指利用信息技术和智能技术对城市的各种要素进行高效管理，进而提高城市的综合管理能力和公共服务水平，实现城市可持续发展的一种城市发展模式。智慧城市与传统城市不同，智慧城市通过使用先进的信息技术实现城市管理和城市服务的高效化，提高城市整体发展水平和居民生活品质。

2. 智慧城市治理的含义

智慧城市治理是一种基于数字化和网络化技术的全新城市治理方式，旨在通过信息化、数据化、智能化的手段，优化城市资源配置、提升城市智慧化水平，提高城市综合管理水平和公共服务水平，实现城市规划、城市建设、城市发展的科学化、规范化和智能化。智慧城市治理是以市民为中心，以数字化和网络化手段为辅助，实现城市治理的高效化、动态化、精细化、可持续化的城市管理模式。

3. 智慧城市治理理论的定义与核心

智慧城市治理理论的定义是指通过智慧化和数字化手段，运用新一代信息技术和智能化技术，对城市各个领域、各个层面进行全面、精准的信息化管理和综合治理，最终实现城市可持续发展的一种全新理论体系。智慧城市治理理论的核心在于将信息技术运用于城市治理的各个环节，实现城市管理的科学化、规范化、智能化。

4. 智慧城市治理理论存在的问题

智慧城市治理理论是指以信息技术为基础，以城市管理为目标，通过集成信息系统、优化城市功能、提高城市运作效率、实现城市可持续发展的一种城市管理思想。智慧城市也可以被称为数字城市、智能城市、互联网城市或者信息化城市，意思是城市的信息化和数字化水平高，城市中各种资源能够实现精细化管理和协同化运作。智慧城市治理理论是一种全新的城市管理方式，具有许多优势和潜在的发展前景。然而，随着智慧城市建设的不断深入，也暴露出一些问题和挑战。下面将从智慧城市建设中的安全隐患、数据安全与隐私保护问题以及智慧城市治理理论的缺失三个方面进行详细的分析。

（1）智慧城市建设中的安全隐患

智慧城市建设中涉及的设施和系统非常复杂，包括传感器、摄像头、智能灯杆、智能停车场、智能交通信号灯、智能水表等，这些设施和系统的大量部署为城市管理的现代化带来了巨大的变化，但也给城市安全带来了一定的挑战。

① 网络安全问题

在智慧城市建设中，各种设施和系统需要在公共网络和专用网络之间进行连接和通信，因此，在智慧城市中，网络安全问题尤为重要。一旦城市网络受到攻击，将造成各种设施和系统的崩溃，甚至会造成严重的财产损失和人员伤亡。

② 信息安全问题

在智慧城市建设中，各种设施和系统都会产生大量的数据，这些数据包含市民的个人信息和各种敏感信息，如果这些信息泄露或者被攻击者利用，将会给市民带来巨大的财产损失和人身威胁。因此，在智慧城市建设中，信息安全问题也非常重要。

③ 物理安全问题

在智慧城市建设中，各种设施的物理安全问题也需要引起重视。例如，智能停车场的闸口、智能灯杆的电缆、摄像头的安装位置等都需要采取相应的措施，保证这些设施不会被恶意破坏。

④ 人员安全问题

在智慧城市建设中，各种设施和系统都需要人员来维护和管理。这些人员（如巡逻人员、维修人员等）具备一定的专业知识和技能，需要采取相应的措施，保证其安全。

（2）数据安全与隐私保护问题

在智慧城市建设中，数据安全与隐私保护问题也非常重要。

① 数据泄露问题

智慧城市中的各种设施和系统都会产生大量的数据，这些数据如果被未经授权的人访问，将会造成数据泄露，带来巨大的损失和威胁。因此，在智慧城市建设中，防止数据泄露非常重要。

② 数据隐私问题

智慧城市中的大量数据涉及市民的个人信息和各种敏感信息，如何保证这些数据的隐私性，如何保护这些数据免受不法分子的攻击和利用，已成为智慧城市建设中亟须解决的问题。

③ 数据使用问题

在智慧城市建设中，不仅需要保护数据安全和隐私，还需要合理地利用数据。如果数据使用不当，可能会引起市民对政府的不满和不信任，影响智慧城市建设的进一步发展。

（3）智慧城市治理理论的缺失

随着智慧城市的发展，智慧城市治理理论的研究也越来越受到重视。智慧城市治理理论的缺失将会影响智慧城市的可持续发展和管理。

① 智慧城市治理的理论基础还不够完善

智慧城市治理理论的发展还处于初级阶段，还需要进一步深化其理论基础。例如，如何构建合理的治理体系、如何制定科学合理的政策、如何实现不同部门的协同和沟通等都需要进一步分析研究。

② 智慧城市治理的实践经验需要进一步总结和推广

目前，智慧城市的治理实践经验还比较有限，需要进一步总结和推广。例如，如何应对城市管理中出现的问题、如何解决城市管理中的瓶颈等都需要在实践中进行总结和积累。

③ 与发展方式结合不紧密

当前的智慧城市研究与城市发展、经济发展模式等结合得还不够紧密，我们需要制定更为有效的治理方法，并将整个城市的发展规划纳入其中，从而实现城市的可持续发展。

5. 智慧城市治理理论的国内外研究现状

智慧城市治理理论的发展是伴随着智能科技的发展而日益重要的。2000年以来，智能城市的概念在全球范围内快速发展，相关的研究不断涌现。智慧城市治理理论作为智能城市发展的重要组成部分，得到了广泛的关注和研究。

国内方面，2010年以来，智慧城市建设迅猛发展，国内相关研究也得以加强。最初的研究主要着眼于智慧城市治理的概念与内涵，随着研究的深入，逐渐形成了一系列治理理论框架和模型。近年来，国内学者在智慧城市治理理论的研究中，不断探讨和完善治理体系、治理模式和治理手段。国外方面，欧美国家一直在智慧城市治理理论的研究中处于领先地位。英国、美国、加拿大等国家已经在智慧城市治理理论方面积累了丰富的研究成果，并不断推出相关的政策和计划。另外一些国家如新加坡、韩国等也在智慧城市建设中表现突出，成果斐然。

6. 智慧城市治理实践案例分析

智慧城市治理理论的实践案例非常丰富。下面，笔者将选取国内外智慧城市治理实践的典型案例进行分析。

（1）硅谷智慧城市

美国加州硅谷是全球最具活力的科技创新中心之一，也是智慧城市建设的先驱。硅谷城市智能化的最初目标，在于提供有效的服务，如通勤、检测空气质量等。硅谷智慧城市项目的重要组成部分是 City IQ 平台，它是一个分析平台，即在城市中从多个数据源汇总数据，并进行分析和预测。该平台重点研究人口、交通、空气质量、能源和水等方面的数据，并配备了现代化的基础设施，如智能交通灯、公共 WiFi 等。硅谷智慧城市项目的成功建立，为其他城市智慧化提供了可行的模板。

（2）新加坡智慧城市

新加坡是全球智慧城市建设领域的典范。新加坡的智慧城市管理理念是从市民的生活质量出发，目标是为市民提供更好的公共基础设施和服务。新加坡政府通过创新性的政策，推进了智慧城市的发展。例如，政策目标的设定，强调了城市管理的智能化和可持续性发展，同时为智慧城市项目提供了必要的资源和支持。此外，新加坡政府还建设了世界上最大的"数据池"，作为智慧城市治理平台。"数据池"能够收集大量的实时数据，为决策者提供更全面和准确的数据支持。

（3）太原市智慧城市

山西省太原市是国内智慧城市建设的典范之一。太原市政府通过智慧城市治理体系，实现了城市治理信息化和市场化。在太原市，水、电、气等基础设施信息均实现了智能化管理。太原市还建立了基于物联网技术的城市智能监控平台，实时收集和分析大量的城市数据，为城市发展和市民服务提供了重要的决策依据。此外，太原市还通过智慧城市建设，推动了城市经济和社会的发展。

7. 智慧城市治理理论的发展趋势和前景

"智慧城市"是近年来的一个新概念，它是指城市治理的一种新模式，即将信息技术与城市管理紧密结合，使城市管理更加高效、便捷、人性化。在智慧城市中，智能化、数字化、网络化、信息化等先进技术被广泛应用，城市管理的各个方面都得到了改善。随着智慧城市的不断发展，相关的理论也在不断完善和创新。下面将从智慧城市治理理论的发展方向进行详细说明。

（1）智慧城市治理理论的创新与优化

在智慧城市中，城市管理需要借助一系列的智能化、数字化、网络化、信息化等技术手段来实现，因此，智慧城市治理理论的创新与优化也必须与技术的发展相适应。未来，智慧城市治理理论需要对信息技术的应用进行深入探讨，发展出更加高效、全面、可靠的治理理论。具体包括以下几点：

首先，智慧城市治理理论需要在“数据驱动”思想的基础上进行创新。智慧城市中的各种智能设备和传感器会不断产生海量的数据，如何从这些数据中发现规律、提取价值和挖掘信息，成为智慧城市治理的重要问题。因此，智慧城市治理理论需要深入研究如何利用这些数据来进行城市管理，实现城市智能化、自动化管理。另外，智慧城市治理理论需要研究如何保证这些数据的安全性、隐私性和可用性，使得数据成为城市治理的有力支撑。

其次，智慧城市治理理论需要加强在可视化和用户体验方面的创新。在智慧城市中，用户的体验和满意度是城市管理的核心指标之一。智能化和数字化技术的应用，可以实现城市管理信息的可视化呈现和操作界面的人性化设计，从而提高城市管理的效率和质量。因此，智慧城市治理理论需要研究如何利用现代可视化技术和人机交互技术，构建更加智能化、便捷、舒适的城市管理系统和服务体系。

最后，智慧城市治理理论需要加强与市场经济相结合的创新。智慧城市的建设需要巨大的资金支持，因此，城市管理者需要探索多元化的资金筹集方式。同时，智慧城市建设也需要不断引入市场机制，鼓励创新创业，促进城市经济的发展。因此，智慧城市治理理论需要研究如何利用市场经济机制，促进城市管理和发展，实现城市治理的可持续性和稳健性。

（2）智慧城市治理理论与信息技术融合发展

智慧城市的建设在很大程度上依赖于信息技术的发展，特别是互联网、物联网和人工智能等先进技术的应用。因此，智慧城市治理理论必须与信息技术紧密融合，以实现城市管理的高效和便捷。具体包括以下几点：

首先，智慧城市治理理论需要加强与互联网技术的融合。互联网的出现使得城市管理信息的传输和共享变得更加容易和高效。智慧城市治理理论应该探讨如何利用互联网技术实现城市管理的信息共享、协同工作和整体优化，从而提高城市管理的效率和质量。例如，利用互联网技术实现城市交通系统的智能化调度，可以缓解拥堵、提高通行效率，同时也可以实现资源的合理利用和公共利益的最大化。

其次，智慧城市治理理论需要加强与物联网技术的融合。物联网是智慧城市建设的重要基础之一，它可以实现物品之间的信息交流和互联互通。智慧城市治理理论应该探讨如何利用物联网技术实现城市基础设施、公共服务、环境管理等方面的智能化，从而提高城市管理的效率和质量。例如，利用物联网技术实现城市垃圾分类、能源管理等方面的智能化，可以提高城市的环保水平、节约能源资源。

最后，智慧城市治理理论需要加强与人工智能技术的融合。人工智能是智慧城市治理的重要支撑之一，它可以实现城市管理的智能化、自动化和智能决策等功能。智慧城市治理理论应该探讨如何利用人工智能技术实现城市管理的智能化和自动化，从而提高城市管理的效率和质量。例如，利用人工智能技术实现城市安防监控、城市公共服务等方面的智能化，可以提高城市的安全水平、便民水平。

三、数字经济治理理论

数字经济治理主要包括以下几个方面：（1）数字经济政策。即制定和实施数字经济相关的政策，包括数字化发展、数字产业支持、数字经济监管等。（2）数字经济基础设施建设。即构建数字经济的基础设施，包括宽带网络、云计算、大数据、物联网等。（3）数字经济数据治理。即开发和利用数字经济所需要的数据，包括数据收集、处理和分析等。（4）数字经济创新。即支持数字经济创新，培育数字经济新业态、新模式和新技术，推动数字经济的快速发展。

1. 数字经济的定义和特点

数字经济是指以数字技术为基础，涵盖数字化生产、数字化交易和数字化消费的经济活动。数字经济的兴起，打破了传统经济发展模式下的一些限制，使得经济发展出现了一些新的特点和趋势。数字经济最突出的特点包括：高效性、创新性、产业链整合性和全球性。

首先，数字经济的高效性表现在两方面。一方面，数字经济融入大量的信息技术，数字化的生产方式和流程使得生产效率大大提高。例如，数字技术的应用使得工业自动化程度大大提高，进而提高生产效率。另一方面，数字经济对于交易和消费也有着高效性的需求。电子商务和在线支付系统等数字化交易方式不仅提供了更加便捷的交易方式，还降低了交易成本，提高了消费体验。

其次，数字经济的创新性表现在两方面。一方面，数字经济的兴起，极大地推动了数字技术的发展。例如，人工智能、大数据、云计算等新兴技术的快速发展。另一方面，数字经济也带来了新的商业模式和商业机会，许多面向数字经济的企业也得以兴起。除此之外，数字经济还具有产业链整合性的特点。数字技术的应用，使得产业链各个环节之间的联系变得更加紧密，进一步提高了产业链的效率和竞争力。

最后，数字经济的全球性表现在数字技术的无国界特性。数字技术使得信息的流动不再受到地域限制，数字经济也不再受到地域限制，甚至在数字经济的发展中，数字技术的全球化效应也变得越来越明显。例如，全球化的电子商务平台使得跨境贸易变得更加容易，企业发展不再受地域限制。

2. 数字经济治理的概念和内涵

数字经济治理指的是以数字技术为基础，对数字经济进行有效监管的各种制度和机制。数字经济治理的内涵包括三个层面：政策层面、制度层面和技术层面。

首先，数字经济治理的政策层面主要包括政府对数字经济发展的整体规划和战略制定，以及相关政策的制定实施。政策制定的主要目标是促进数字经济的良性发展，保护数字经济生态系统的稳定运行。

其次，数字经济治理的制度层面主要包括法律法规、行业标准和自律机制等各种制度的构建。其中，法律法规是治理数字经济的基础，而行业标准和自律机制可以进一步规范数字经济的发展行为和业务操作。

最后，数字经济治理的技术层面主要包括数字技术的安全性、可信度和可持续性等方面的技术保障。数字技术的安全性是数字经济健康发展的重要保障，可信度则是数字经济发展的基础要素，而可持续性则是数字经济长期发展的重要目标。

3. 数字经济治理的意义

数字经济治理的发展对于推动数字经济的健康发展和促进经济转型具有重要意义。首先，数字经济治理可以提高数字经济的安全性和可信度。数字经济与传统经济相比，更加依赖于数字化技术和网络环境，安全问题和诚信问题也更容易引起社会关注。数字经济治理可以有效提高数字经济的安全性和可信度，进一步增强数字经济发展的动力和信心。其次，数字经济治理可以促进数字经济的创新发展。数字经济的发展需要新的商业模式和技术支持，数字经济治理可以有效引导创新投入，推动数字经济的创新发展。再次，数字经济治理可以促进数字经济与传统经济的有机融合。数字经济治理可以加强数字经济与传统经济的协同，推动数字经济与传统经济的融合，形成新的经济增长点，促进经济转型。最后，数字经济治理可以促进数字经济的可持续发展。数字经济治理可以加强数字经济生态系统的稳定运行，促进数字经济的可持续发展，为实现经济可持续发展目标提供有力支撑。

总之，数字经济治理是数字经济健康发展的前提和保障，对于推动数字经济的发展和经济转型具有重要意义。在数字经济治理的推进过程中，政府、企业、社会各方应共同努力，实现数字经济的可持续、安全、创新和协同发展。

4. 数字经济治理的理论支撑

数字经济治理的理论支撑是数字经济发展的重要基础，其内容涵盖了数字化技术、规则制定、法律法规、人才培养等多个方面。第一，数字经济治理需要有现代化的数字化技术支持。数字化技术是数字经济的核心和基础。数字化技术的快速发展，使得信息和数据得到更加高效的处理和管理，推动了数字经济的快速发展。随着信息技术的不断升级，数字经济治理也将会更加智能化、自主化、超级化、人性化。第二，数字经济治理需要有完善的规则制定和监管机制。因为数字经济面对着许多复杂的问题，需要采用更加智能化和规范化的制度设计，以确保数字经济的有序和健康发展。在规则制定和监管机制方面，需要考虑到数字化技术的发展趋势和特点，同时也要考虑到数字经济自身的特点和需求。第三，数字经济治理需要有健全的法律法规和知识产权保护机制。数字化技术的应用范围越来越广泛，更多的数据和信息开始涉及商业、金融、文化、娱乐等领域，需要考虑到知识产权的保护、数据隐私的保护、网络安全的维护等方面。数字经济治理需要有完善的法律法规和知识产权保护机制，才能保障数字经济的健康发展。第四，数字经济治理需要有专业化的人才培养和知识储备。因为数字经济涉及多个领域和行业，需要有各个领域的专业人才为数字经济的发展和治理提供支持和保障。同时，数字经济的发展也需要有充足的知识储备和研究成果，为数字经济治理提供理论支持和技术保障。总之，数字经济治理的理论支撑是数字经济健康发展的基础，需要从技术、规则、法律、人才等多个方面进行全面的规划和建设，以确保数字经济的有序和健康发展。

5. 数字经济治理的主要内容

数字经济治理是保障数字经济健康发展的重要手段，其主要内容包括数字经济市场的监管机制、数字技术创新的引导与管理、数字经济数据安全的保障以及数字经济发展的政策支持。下面将从行业专业的角度作出详细说明。

（1）数字经济市场的监管机制

数字经济市场的监管机制是数字经济治理的重要组成部分，数字经济市场的监管不仅涉及数字经济市场的经营者及其行为，还涉及数字经济市场的用户及其权益。数字经济市场的监管机制应该是基于市场规则、法律法规、政府管理等多种手段，实现数字经济市场的稳定和健康发展。数字经济市场的监管机制应该包括以下内容：一是信息公开透明。数字经济市场的经营者应当公开自己的经营信息和权益，以便于用户了解、选择、评价和监督。同时，数字经济市场的监管机构应当对数字经济市场的经营者的信息进行公开监管，避免信息不对称和欺诈行为。二是市场竞争规则。数字经济市场的监管机制应该促进市场竞争，遏制垄断行为，保障公平竞争环境。在数字经济市场中，数字经济平台等经营者的垄断行为往往会导致行业乃至整个数字经济市场的失衡和混乱。三是用户隐私保护。数字经济市场的监管机制应该对用户隐私进行保护，保护用户的隐私信息不被滥用和泄露。数字经济市场的经营者应该明确收集和使用用户隐私信息的目的和方法，告知用户，并取得用户的同意。四是用户权益保护。数字经济市场的监管机制应该保护用户的权益，如投诉举报、退款维权、消费者利益保护等。在数字经济市场中，用户的权益往往更容易受到数字经济平台的经营者的侵害，如虚假宣传、商品假冒等。[①]

① 张晓：《数字化转型与数字治理》，电子工业出版社 2021 年版，第 48—52、136—145 页。

（2）数字技术创新的引导与管理

数字技术创新是数字经济发展的重要动力，数字技术创新的引导与管理是数字经济治理的重要任务。数字技术创新的引导与管理应该以技术应用的需求和社会利益为导向，避免技术的滥用和负面影响，促进数字技术的可持续发展。数字技术创新的引导与管理应该包括以下内容：一是技术标准制定。数字技术的推广应该基于统一和协调的技术标准，才能有利于推进数字技术的普及和应用。数字技术标准制定应该是基于市场需求和技术发展，同时应该充分考虑社会影响和利益。二是技术创新环境打造。数字技术创新需要一个良好的环境，以保障技术创新活动的顺利开展。数字技术创新环境的打造应该包括政策引导、资金扶持、人才培养等多个方面，以鼓励技术创新和科技成果转化。三是技术风险评估和管理。数字技术创新可能会带来一些技术风险，如数据泄露、网络攻击等。数字技术的风险评估和管理应该是基于科学的方法和经验，以便于识别和应对数字技术创新的风险。

（3）数字经济数据安全的保障

数字经济数据安全是数字经济发展的重要保障，数字经济数据安全的保障是数字经济治理的重要任务。数字经济数据安全的保障主要包括信息安全、网络安全和数据隐私等多重保障措施：一是信息安全管理。信息安全是数字经济数据安全的重要保障之一。数字经济治理应该加强信息安全管理，对关键信息进行分类保护，制定信息安全管理制度，加强信息安全技术和管理，保障数字经济数据的安全。二是网络安全保障。网络安全是数字经济数据安全的重要保障之一。数字经济治理应该加强网络安全保障，对网络安全进行全面防控，加强网络安全技术和管理，保障数字经济网络的安全。

三是数据隐私保护。数据隐私保护是数字经济数据安全的重要保障之一。数字经济治理应该加强数据隐私保护，对数据隐私进行分类保护，制定数据隐私保护制度，加强数据隐私保护技术和管理，保障数字经济数据的完整性和隐私性。

（4）数字经济发展的政策支持

数字经济发展需要政策支持，政策支持是数字经济治理的重要手段。数字经济发展的政策支持需要考虑到数字经济发展的特点和目标，以实现数字经济的长期、稳定和可持续发展。数字经济发展的政策支持应该包括以下内容：一是政策引导和扶持。政策引导和扶持是数字经济发展的重要手段。政府应该出台相关政策，引导和扶持数字经济的发展，如资金扶持、税收政策、人才引进等。二是产业规划和战略布局。数字经济产业需要一个明确的产业规划和战略布局，以应对市场变化和技术发展。政府应该牵头制定数字经济产业规划和战略布局，提高数字经济的规划性和战略性。三是人才培养和引进。数字经济发展需要人才支持，政府应该加强数字经济人才的培养和引进，提高数字经济人才的素质和数量，加强数字经济人才队伍的建设。

6. 数字经济治理的法律框架

数字经济治理需要建立完善的法律框架来规范行业的市场行为和保障消费者权益。在数字经济领域，由于其特殊性和快速发展的特点，法律框架要比其他行业更加复杂和烦琐。

首先，需要制定专门的法律法规。这些法律法规需要明确数字经济行业的基本规则和监管要求，如电子商务平台的信用评估、数据收集、个人隐私保护等。其次，需要建立行业自律组织和相关标准。行业自律组织可以对数字经济行业进行规范和自律，减少政府的干预，同时加强行业内部的监督和管理。相关标准可以为数字经济行业提供统一的行为准则，促进市场开放和竞争，保障消费者利益。最后，需要加强执法和监管力度，加强对数字经济行业的监督和管理。同时，加强行业自律组织的监督和管理，使其更好地发挥作用。在数字经济行业中，各方的合法权益都需要得到有效保障。因此，数字经济治理需要建立法律框架，既能够规范行业的市场行为，又能够保障消费者的权益。

7. 数字经济治理的组织架构

数字经济治理的组织架构需要根据数字经济产业的特殊性建立。数字经济是一个快速发展的行业，涉及众多领域，因此数字经济治理的组织架构需要具备灵活性、高效性和适应性。在数字经济治理的组织架构中，需要建立多方参与的机制。政府、企业、行业自律组织等相关各方需要参与数字经济治理，维护行业的稳定和发展。首先，政府需要扮演重要的角色，制定数字经济行业的法律法规和政策，加强行业监管，保障消费者权益。政府还需要建立数字经济行业相关的部门，如网络安全管理机构、电商管理机构等，实现针对性的监督和管理。其次，数字经济行业需要建立行业自律组织，行业自律组织可以规范行业行为，促进行业发展和竞争。同时，行业自律组织也需要与政府建立良好的合作关系，实现监督和管理的有效衔接。最后，企业在数字经济治理中也扮演着重要角色。企业需要遵守相关法律法规和标准，加强内部管理和自律，保障消费者权益。同时，企业还需要主动与行业自律组织和政府合作，共同维护数字经济的健康发展。在数字经济治理的组织架构中，政府、企业、行业自律组织需要密切合作、互相支持，共同促进数字经济的发展和稳定。

8. 数字经济治理的实施步骤

数字经济治理的实施步骤需要根据数字经济产业的实际情况灵活调整。数字经济产业是一个快速发展的行业，任何数字经济治理的实施步骤都需要考虑到该行业的特殊性。

首先，数字经济治理需要建立法律框架。政府需要制定相关法律法规和政策，明确数字经济行业的基本规则和监管要求。同时，行业自律组织也需要制定自身的规则和标准，共同促进行业的发展和稳定。其次，数字经济治理需要加强执法和监管力度。政府需要成立针对数字经济行业的监管机构，对数字经济行业的各方行为进行监督和管理。同时，加强对行业自律组织的监督和管理，使其发挥更大的作用。最后，数字经济治理需要加强行业创新和发展。政府需要加大对数字经济产业的支持和扶持力度，为数字经济行业提供更好的发展环境和条件。同时，企业也需要注重技术创新和管理创新，提高企业核心竞争力和市场份额。数字经济治理的实施步骤需要根据数字经济产业的实际情况灵活调整，以确保数字经济产业的稳定和发展。同时，数字经济治理需要政府、企业、行业自律组织的共同努力，共同促进数字经济的发展和稳定。

四、舆情治理理论

舆情是指社会舆论中的热点问题和事件，影响着社会稳定和发展。舆情治理理论是指利用数字技术和信息技术，对舆情进行收集、分析和处理，以实现对舆情的管理和控制。舆情治理理论主要包括以下几个方面：（1）舆情监测和分析。通过网络舆情监测、数据挖掘等技术，实现对舆情的实时监控和分析。（2）舆情预警和预测。基于舆情数据，进行舆情的预警和预测，以提前识别社会危机和风险。(3) 舆情应对和处理。对于出现的舆情事件，采取有效的舆情处理策略，包括公关、危机管理等。(4) 舆情管理和风险控制。建立健全舆情管理体系和风险控制机制，以保障社会的稳定和发展。

1. 舆情的概念

舆情是指公众集体意见，包括公民、政府机构、社会组织、新闻媒体、网络社区等。它是人们对社会现象和事件的看法、评论、情感和态度的综合反映。舆情来源广泛，可以是传统媒体、社交媒体、微博、微信、论坛、博客、聊天室等。舆情是一种动态性的、多元化的社会现象，它随着时间和事件的变化而变化。

舆情是一种管理对象，舆情管理是指对公众舆情情况的监测、分析、评估和应对措施的制定和实施。这是一项集信息技术、社会心理学、传播学等多学科综合的管理任务。舆情管理的目的是及时了解公众对某一问题的态度和看法，及时发现公众热点和敏感问题，预测公众情绪的变化趋势，合理引导公众的舆论方向，降低负面影响，维护公共利益和社会稳定。

2. 舆情治理的概念

舆情治理是指通过对舆情事件的分析、评估和应对措施的制定和实施，达到控制和消除可能对公共秩序和社会稳定产生负面影响的舆情事件的目的。舆情治理是一项长期而且复杂的管理工作，它需要政府、企业、媒体、公民等各方的积极参与和协作。舆情治理具有以下特点：一是长期性。舆情治理是一项长期的工作，它需要对公众的舆情状况进行持续的监测和分析，以及对可能出现的负面影响进行预判和预警，及时采取应对措施。二是复杂性。舆情治理涉及众多的利益主体和社会群体，需要各方积极参与和协作，遵循法律法规和社会道德规范，维护公共利益和社会稳定。三是科学性。

舆情治理需要科学的方法和工具，包括舆情监测与分析技术、网络舆情研究方法、舆情风险评估和应对策略等。四是人性化。舆情治理需要关注公众的感受和需求，注重与公众的沟通和交流，引导公众的情绪和态度，维护社会和谐与稳定。

3. 舆情治理的实践策略

随着社会的发展，舆情治理逐渐成为企业管理中不可忽视的一部分。舆情治理的实践策略主要包括危机公关策略、信息公开策略、舆情监测策略以及舆情引导策略。这些策略可以帮助企业更好地应对突发事件，提高企业口碑和形象，提高企业经营效益。下面将从行业专业的角度详细说明这些策略的具体内容。

（1）危机公关策略

危机公关策略是企业舆情治理中的一项非常重要的策略。当企业面临不可避免的危机时，通过危机公关策略的运用，可以帮助企业迅速控制危机，降低损失，并最终恢复企业口碑和形象。在运用危机公关策略时，企业需要做到以下几点：

第一，及时反应。企业需要在最短的时间内作出反应并快速采取措施，制定危机公关方案，组织内外部力量，以便快速控制危机，减少影响。第二，快速引导。企业需要通过危机公关策略，采取积极主动的态度，主动向外界公开事情的真相，引导公众舆论，以更好地掌控情势。第三，有效沟通。企业需要在危机公关策略的运用中及时与内外部人员进行沟通，保持信息的畅通。第四，合理利用资源。企业在危机公关策略的运用中需要合理利用人力、物力和财力等资源，以达到快速控制和解除危机的目的。总之，危机公关策略的确是企业在遇到危机时必不可少的重要策略，它可以帮助企业更快速地控制和解决危机，维护企业形象。

（2）信息公开策略

信息公开策略是舆情治理中另一项重要的策略。通过信息公开，企业可以有效地传递信息与宣传产品和服务，提高企业知名度和美誉度，进而推动企业发展。在实行信息公开策略时，需要注意以下几点：第一，准确传递信息。企业在进行信息公开时，必须确保所传递的信息准确且真实，以免带来负面影响。第二，及时公开信息。企业在实行信息公开策略时，必须及时公开信息，以及时让外界了解企业的情况。第三，选择合适渠道。企业在进行信息公开时，要选择合适的渠道进行传递，如通过电视、报纸、网站等多种形式进行宣传。第四，增加互动性。企业在进行信息公开时，要加强互动与沟通，通过回应公众的问题和建议，为公众提供更好的服务。通过信息公开策略的运用，企业可以更好地进行宣传和推广，提高知名度和美誉度，从而增加企业的竞争力。

（3）舆情监测策略

舆情监测策略是一项针对舆情的管理策略。通过舆情监测，企业可以及时了解社会和公众对企业的看法和反应，并及时采取措施进行调整。在实行舆情监测策略时，需要注意以下几点：第一，选择合适的监测工具。企业在进行舆情监测时，要选择合适的监测工具，如网络监测工具、媒体监测工具、问卷调查等。第二，及时了解舆情热点。企业在进行舆情监测时，要及时了解当前的舆情热点，并有针对性地及时反应和调整。第三，制定应对策略。企业在进行舆情监测时，必须制定相应的应对策略，以便在舆情出现时能够迅速采取措施。通过舆情监测策略，企业可以及时了解社会和公众的想法和反应，以及时采取措施进行调整和处理。

（4）舆情引导策略

舆情引导策略是一项通过引导舆论来实现舆情治理的策略。通过舆情引导，企业可以影响公众对企业的看法和评价，提高企业口碑和形象。在实行舆情引导策略时，需要注意以下几点：第一，积极引导。企业在进行舆情引导时，必须采取积极主动的态度，及时向公众传递企业的信息和态度。第二，与公众互动。企业在进行舆情引导时，要与公众进行互动，并积极回应公众的问题和建议。第三，建立信任关系。企业在进行舆情引导时，必须建立起与公众的信任关系，以增强公众对企业的信任和支持。通过舆情引导策略的运用，企业可以更好地影响公众对企业的看法和评价，进而提高企业的口碑、形象和竞争力。

4. 舆情治理的评价指标体系

舆情治理的评价指标体系对于企业的舆情管理具有重要的指导意义。评价指标体系可分为效果评价指标体系、过程评价指标体系和绩效评价指标体系。

（1）效果评价指标体系

效果评价指标体系涉及的是对于舆情治理效果的评价指标。早期舆情治理的评价指标主要以分析危机出现的原因、危机是否处理得当、公众是否满意等方面为主。然而，随着时代的变迁和科技的发展，评价指标也相应地发生了变化。从信息角度来看，效果评价指标体系主要包括以下几个方面：

① 传播效果

评价舆情传播的效果，主要是评估舆情传播的范围、速度、深度、时效等方面。舆情传播的范围表明了舆情的传播范围，包括传播的媒体以及涉及的人群等；舆情传播的速度主要包括传播的速度和敏感度等；舆情传播的深度则反映了舆情对公众的情感和行为影响程度，以及舆情对企业的影响程度；而时效则是指舆情传播的时间长度。

② 情感分析

情感分析主要是对舆情的情感词频、情感情绪和变化等进行分析。情感分析可以帮助企业更好地了解公众的情感倾向和态度，从而更好地制定舆情治理策略。

③ 内容分析

内容分析主要是对舆情的主题、关键词、人物等进行分析。这些关键词可以帮助企业了解公众的关注焦点和热点，从而更好地把握公众的需求和舆情动态。

（2）过程评价指标体系

过程评价指标体系涉及的是对于舆情治理过程的评价指标。在舆情治理过程中，评价指标主要包括以下几个方面：

① 决策和执行过程

即评价企业在舆情治理过程中的决策和执行过程。这些决策和执行过程主要包括舆情治理的方案设计、方案执行、危机应对等。通过对这些方面进行评价，可以帮助企业更好地把握和控制舆情治理的过程。

② 协调和沟通

即评价企业在舆情治理过程中的协调和沟通能力。舆情治理需要涉及多个部门和岗位之间的信息共享和协作，因此，协调和沟通的能力就显得尤为重要。通过对这些方面进行评价，可以帮助企业更好地协调和沟通，提升舆情治理的效率和成效。

（3）绩效评价指标体系

绩效评价指标体系涉及的是对于舆情治理绩效的评价指标。绩效评价指标主要包括以下几个方面：

① 治理的成果

即评价企业在舆情治理过程中所取得的成果，这些成果主要包括企业形象的改善、舆情的控制、危机的解决等。

② 治理的效率

评价企业在舆情治理过程中的效率，主要包括舆情治理的时间、成本、资源利用等。通过对这些方面进行评价，可以帮助企业更好地提升舆情治理的效率和成效。

五、信息安全治理理论

信息安全是数字治理的重要内容之一，它是指保护网络和信息系统免受未经授权的访问、使用、修改、破坏、披露和盗窃等行为的一种技术和管理手段。信息安全治理理论主要包括以下几个方面：（1）信息安全管理制度。制定和实施完善的信息安全管理制度，包括安全政策、安全标准、安全手册等。（2）信息安全技术保障。采用多种信息安全技术手段，包括加密、防火墙、反病毒、入侵检测等。（3）信息安全培训和教育。提高员工的信息安全意识和素质，通过培训和教育，使员工能够掌握信息安全知识和技能。（4）信息安全风险管理。对信息安全方面的潜在风险和威胁进行识别、评估和防范，以保障信息安全的可靠性和稳定性。总之，数字治理理论是数字时代的重要理论体系，它对于数字化转型和数字治理的实践具有重要的指导意义。各行各业都需要掌握数字治理理论，以应对数字时代的挑战和机遇。

1. 信息安全治理理论的演进历程

（1）1.0 阶段：技术驱动

20 世纪 90 年代末，网络和计算机技术开始得到广泛应用，信息安全的重要性越来越凸显。这个阶段的信息安全治理理论主要是技术驱动的，重点在于保护计算机系统和网络的安全，其核心是防火墙技术和加密技术等。这个阶段的主要特点是单一技术驱动，缺乏综合性的信息安全管理。

（2）2.0 阶段：政策导向

21 世纪初，信息安全治理理论进入政策导向的阶段。随着网络攻击和信息泄露事件的不断发生，政府部门开始出台一系列法规和政策来规范信息安全管理。这个阶段的信息安全治理理论主要是政策导向的，其核心是建立信息安全管理制度和政策体系。这个阶段的主要特点是单一政策导向，缺乏全面性的信息安全治理。

（3）3.0 阶段：风险管理

2008 年金融危机爆发后，信息安全管理面临更大的挑战，信息泄露和网络攻击的频率和规模不断增加。随着风险意识的提高，信息安全治理理论进入风险管理的阶段。这个阶段的信息安全治理理论主要是基于风险管理，其核心是风险评估和控制。这个阶段的主要特点是多元化的信息安全治理，强调对安全风险的全面评估和管理。

（4）4.0 阶段：全面治理

随着信息技术的进一步发展，信息安全治理理论进入全面治理的阶段。这个阶段的信息安全治理理论主要是综合性的，其核心是全面治理信息安全的方方面面，包括管理、技术、流程、组织和人员等。这个阶段的主要特点是信息安全管理的全面性和系统性，强调信息安全治理的全流程和全方位。

2. 信息安全治理理论的基本原则

(1) 风险管理原则

信息安全治理的核心是风险管理，要求全面管理安全风险，对可能存在的威胁和漏洞进行评估和控制，减少安全事件的发生和损失的影响。

(2) 合规性原则

信息安全治理需要遵守国家法律和政策，确保企业的信息安全管理符合相关法规和标准，提高企业对信息安全的认识和重视。

(3) 组织和人员管理原则

组织和人员的信息安全意识和素质对保障信息安全非常重要，信息安全治理需要把组织和人员的管理工作融入到信息安全治理的全流程中，确保信息安全治理的全面性和系统性。

(4) 技术和工具原则

信息安全治理需要运用先进的技术和工具，利用信息安全技术对信息进行防护和监管，保障信息安全。

3. 信息安全治理体系建设

信息安全治理体系是指在企业或组织内部针对信息资产及信息系统的安全需求，建立相应的制度、流程、组织、技术和人员等方面的管理体系，对信息安全实施全面覆盖、持续有效的治理和保障。信息安全治理体系建设是企业或组织信息安全工作的基础和核心，其重要性不言而喻。

(1) 信息安全治理体系的基础

信息安全治理体系的基础是信息安全治理，它是整个信息安全工作的核心和基础。信息安全治理要求企业或组织对信息资产及信息系统安全风险进行全面评估，并制定相应的安全方案、措施和管理制度。信息安全治理的本质是对安全风险进行有效的管理和控制，从而保证信息资源安全和业务的持续稳定运行。

（2）信息安全治理体系的框架

信息安全治理体系的框架包括五个方面，即信息安全政策、信息安全组织、信息安全流程、信息安全技术和信息安全人员。这些方面相互依存，协同作用，形成完整的信息安全治理体系。

第一，信息安全政策。信息安全政策是企业或组织信息安全治理的基础，它是整个信息安全工作的指导思想和行动准则，规定了信息安全目标、责任和实施要求。一个好的信息安全政策需要包括以下方面：① 安全目标。明确企业或组织的信息安全目标，包括保障信息系统安全、保障信息资源安全、保障业务连续性等方面。② 安全责任。明确信息安全的责任主体，包括企业或组织领导、信息安全管理人员、信息系统管理员和一般用户等。③ 安全要求。规定企业或组织的信息安全管理要求，包括信息安全风险评估、安全控制措施、安全审计等方面。

第二，信息安全组织。信息安全组织是指企业或组织内部设置的信息安全管理机构和人员，包括信息安全委员会、信息安全管理部门、信息安全管理员、信息安全操作员等。一个好的信息安全组织需要包括以下方面：① 安全委员会。建立信息安全委员会，负责制定信息安全治理的具体方案和措施。② 安全管理部门。成立信息安全管理部门，负责信息安全策略、制度和标准等的制定和实施。③ 安全管理员。设置信息安全管理员，负责信息系统的安全管理和技术支持。④ 安全操作员。建立信息安全操作员队伍，负责信息安全技术的操作和维护。

第三，信息安全流程。信息安全流程是指企业或组织的信息安全管理过程和制度，包括信息安全管理制度、信息安全风险评估、信息安全事件处理、信息安全审计等方面。一个好的信息安全流程需要包括以下方面：① 信息安全管理制度。建立信息安全管理制度，包括安全策略、标准、程序、指南等。② 信息安全风险评估。对企业或组织的信息资产进行全面评估和分析，制定相应的安全控制措施。③ 信息安全事件处理。建立信息安全事件处理机制，明确事件的处理程序、责任和流程。④ 信息安全审计。定期对信息系统和安全管理制度进行审计和评估，发现问题并及时解决。

第四，信息安全技术。信息安全技术是指企业或组织使用的各种安全技术手段和工具，包括网络安全、系统安全、应用安全、数据安全等方面。一个好的信息安全技术需要包括以下方面：① 网络安全。建立网络安全设施，如防火墙、入侵检测等，保证网络环境的安全。② 系统安全。采用系统安全技术，如加密、权限控制等，保障系统的安全性。③ 应用安全。针对应用软件的漏洞和安全风险，采用相应的安全措施和技术手段。④ 数据安全。对重要数据加密和备份，建立数据访问控制机制，确保数据的安全性。

第五，信息安全人员。信息安全人员是指企业或组织内部专门从事信息安全管理和技术的人员，包括信息安全经理、信息安全管理员、信息安全技术人员等。一个好的信息安全人员体系需要包括以下方面：① 信息安全经理。具备信息安全管理和技术能力，负责信息安全治理的实施和监督。② 信息安全管理员。具备系统管理和安全技术能力，负责信息系统的安全管理和技术支持。③ 信息安全技术人员。具备专业的安全技术能力，负责信息安全技术的研究和应用。

第四节　数字治理理论及实践的研究动态

一、理论基础

（一）社会技术系统理论

社会技术系统最早是由英国研究员提出的，他们通过研究自治矿工群体的形成，认为任何生产性组织皆是由社会系统和技术系统相互作用形成的社会技术系统。从组织变革方面来看，组织是一个多维的系统，并考虑了四个相互作用的变量，即技术、结构、人员、任务。技术包括技术工具，任务与组织的存在理由有关，行动者主要是人，结构包括通信系统、能源系统和文件管理系统。多重系统中的一个变量的变化会导致其他三个变量的变化，因此必须将所有四个变量放在一起考虑，或者在组织变革的情况下，将组织的社会和技术系统放在一起考虑。社会技术系统理论将组织和组织工作系统（OWS）视为社会技术系统，由两个独立但相互作用的系统组成，即技术系统和社会系统，其中技术系统包括技术、任务和流程，社会系统包括人的特征、人际关系和权力结构。而组织工作系统要想良好运行，必须整合这两个方面的系统。关于技术系统和社会系统的协调，有学者认为应该首先考虑技术系统，其次考虑社会系统，这样才能在考虑技术系统的基础上更好地设计社会系统，特别是任务要求，从而使社会系统和技术系统更好地协同工作，促进组织的高绩效。根据社会技术系统理论，数字治理可以被视为一个社会技术系统，其正常或良好的实施既需要许多行为者的有序参与，也需要重视使用数字技术及其应用。[①]

（二）数字治理理论

数字治理理论是在新的公共行政理论衰落、综合治理理论兴起、数字时代到来之时提出的。数字治理理论又称数字时代的治理理论，是由英国学者帕特里克·邓利维提出的。[②] 数字治理理论包括三个主要方面：重新整合、基于需求的整体理论和数字过程或数字变革。重新整合的作用是重新思考新的公共治理实践，旨在解决新的公共治理实践中发现的治理碎片化问题。除其他外，重新整合包含反宗派化和反碎片化的内容。基于需求的包容性包括交互式搜索与一站式购物的信息和服务。一站式购物指的是统一公共行政部门提供的服务，包括一个单一的联络点。这不仅提高了行政效率，而且通过消除重复的环节，增加了公民的便利。数字化转型包括提供电子服务、新的自动化形式、促进自我治理和走向开放政府。其中，电子服务是指通过信息技术及其应用提供相关的行政服务。加速自我治理意味着从关注机构到关注公民和企业等行为者的过程，即公民、企业和其他行为者能够自行与政府互动。走向开放的政府意味着使公民能够管理政府收集的信息，体现了对公民的关注。

针对信息技术的发展、数字治理环境的变化以及学术界对数字治理理论的批评，邓利维等进一步发展了数字治理理论，提出了第二波数字治理理论，即数字治理理论的改进版。在改进版的数字治理理论中，三大主题没有变化，只是其中的关键要素有所改变。每

---

① 杨臣华、韩淑梅、郭淞沆：《着力提升内蒙古大数据安全保障能力》，载《实践（思想理论版）》2018 年第 8 期。

② 冯贺霞、李弢、李赟：《转型与变革：数字治理理论前沿与实践进展》，载《社会治理》2023 年第 1 期。

个主题内的要素分为基于网络的集中式发展与基于数据库和信息处理的分散式发展，并根据学者们的说法，分为不同层次的权力结构转变和实施。重新整合主题侧重于智能中心设计和分散实施的要素；基于需求的整体性主题引入了新的要素，如利用社会媒体技术促进政府内部的合作；数字化转型主题通过整合数字和物理要素，进行整体战略规划，实现业务模式转型，并为整个行业确定新的方向。综合来看，数字治理理论的三个主题是稳定的，但三个主题中的要素会随着信息技术的发展和实施环境的变化而变化。此外，数字治理理论并不主张技术决定论，其主题要素的变化表明，数字治理理论越来越注重对问责制和民主等社会价值的追求。

（三）元治理理论

元治理即治理的治理，它是指对市场、国家、公民社会等治理形式、力量或机制进行一种宏观安排，重新组合治理机制。这一理论的提出，就是对治理理论的完善。元治理理论对于构建有效的治理体系、适应社会变革以及实施有效的公共政策具有重要作用。元治理理论的核心观点是社会治理是由社会主体参与的，社会主体之间有着不同的利益。因此，要达到有效的治理，就需要确保政府和利益相关者之间能够有效地就相关问题进行沟通，以树立共同的基本原则。此外，应明确治理体系中不同参与者之间的责任分工和协作，通过制定明确的调节机制，确保各方行为的一致性，并实施有效的监督和评估机制，以确保政策的有效实施。随着经济社会的发展，不同的社会环境对治理体系的要求也是不同的，因此元治理理论要求必须调整治理体系，以满足不断变化的社会需求。

二、数字治理的实践进路

（一）情境因素：地方政府数字化转型的“催化剂”

地方政府数字化转型并不是凭空产生的，其作为新时代发展的产物，是顺应经济、社会发展的要求，这既是地方政府数字化转型发展的背景，又是其发生的基础和必要条件。地方政府数字化转型主要包括国家战略导向、领导支持、政府转型、公众需求这四个方面的因素，以下分别对这四个因素进行分析。

1. 国家战略导向

国家战略导向是推进政府数字化转型最为直接的因素。我国在“十三五”规划中，明确指出了网络强国战略的重要性，并将“建设数字中国”作为之后发展的主要目标。党的十九届四中全会第一次提出“推进数字政府建设”。党的十九届五中全会又一次提到了数字化发展的重要性。党的二十大进一步提出要加快建设网络强国、数字中国。这些都表明政府数字化转型趋势已势不可挡。党的十八届三中全会提出要推进国家治理体系和治理能力现代化的总目标。2015年7月，《国务院关于积极推进“互联网+”行动的指导意见》发布，提出要充分挖掘大数据、云计算等现代信息技术在社会生活中的潜力。2016年7月，《国家信息化发展战略纲要》发布，提出要以信息化促现代化，建设网络强国。2017年，国家网信办发布《数字中国建设发展报告（2017年）》，明确推进“互联网+政务”、统筹发展“电子政务”、建设“数字中国”的三个发展方向，并指出各级政府在“放管服”改革和推进“数字政府”建设中的各项重点工作。2022年6月印发的《国务院关于加强数字政府建设的指导意见》进一步对我国当前和今后一段时期内数字政府建设提出了明确目标和要求。“政府数字化转型”是顺应当前时代背景，结合了我国实际国情，并得到广大社会公众认可和推行的一项举措。如何聚焦数字化转型、打造数字技术新高地，应当成为目前各级地方政府的重心。

2. 领导支持

领导支持是影响政府数字化转型的一个重要因素，领导是否重视直接关系到政府数字化转型的推进过程。上级领导的支持作用具有很大的灵活性，上级领导重视，会让下级人员产生一些动力，有利于政府数字化转型；上级领导不重视，或者由于事务繁杂，造成领导者注意力的频繁转移，将不利于政府数字化转型进程。例如，在省级政府层面，山西省政府顺应数字政府建设的发展趋势，响应国家战略导向，结合全省实际情况，陆续出台了一系列的政策和规划，为下辖区域内政府的数字化转型提供了一些参考，不断推进本省政府数字化转型的进程，表现出了对政府数字化转型的极大重视。2019 年 12 月印发的《山西省加快数字政府建设实施方案》进一步理顺了数字政府建设管理体系，提出建设六大体系和开发一批数字政府特色应用。2020 年出台的《山西省数字政府建设规划（2020—2022 年）》进一步对数字政府建设作了统一规划和部署。

3. 政府转型

政府转型往往是伴随着经济社会的发展、科技的进步以及思想观念的更新应运而生的。20 世纪四五十年代，以电子计算机技术的应用为代表开始了第三次科技革命，由此引发了政府治理模式的转变。到了 20 世纪末，启动“政府上网工程”，全面实施政府上网战略，建立起一万多个国家机关门户网站，到 2006 年，中央人民政府门户网站正式开通，由此引发了新一轮的政府机构改革。当前，新一代信息技术的发展，要求政府数字化转型更加突出“以人为本”“以人民群众为主体”的管理模式，充分体现人民群众在社会生活中的主导地位，更加贴近人民群众的日常生活，以此打破过去僵化的治理模式，为提高政府公信力和打造政府公共形象创造良好的条件。同时，大数据等新兴互联网技术的快速发展，网络用户规模的不断扩大，为政府的数字管理提供了良好的发展空间。此外，国家多次出台“简政放权”政策，提出要进一步加快转变政府职能，建立服务型政府，这为数字管理的发展创造了条件。随着互联网技术的进步，政府的网上办事效率提高，加之公民权利意识的觉醒，促使政府提供公共服务从“单一化”转向“多样化”，从“线下”转向“线上”，从“以政府为中心”转向“以公民为中心”，这一切都对新时期政府数字化转型提出了更高的要求。

4. 公众需求

随着互联网信息技术的进步以及社交媒体的蓬勃发展，公民参与社会生活的途径逐渐增多，强调政府数字化转型要朝着“以公众需求为中心”的发展模式迈进，这就意味着对政府数字化转型提出更高的要求。其中，社会公众的需求很高，尤其是随着互联网的普及，公众了解信息渠道变多，也开始注重维护自己的个人权利。为了更好地满足公众需求，地方政府政务服务中心不断创新服务模式，推出了“24 小时不打烊”“周末不打烊”“一窗办理”等特色服务。此外，随着数字经济的发展，许多企业也纷纷开始进行数字化转型，这也推动了地方政府的数字化转型进程。

（二）制度结构：地方政府数字化转型的“定心丸”

制度结构强调的是在宏观层面上的制度因素对组织的影响，制度作为一种结构性的变量，对组织的行为有着多方面的影响和塑造。

也就是说，组织中的行动者会仔细考虑并权衡在特定制度安排下对其产生的可能影响。下面从制度结构视角出发来分析影响地方政府数字化转型的影响因素。

1. 制度保障

制度保障是地方政府数字化转型获得可持续发展的必要条件。新技术的应用通过促进新制度的形成，驱动政府数字化转型的进程。技术驱动流派认为，数字技术的应用能够为制度变革提供动力。由此可以看出，制度对事物发展的重要性。对此，地方政府通过出台专项实施方案和规划文件为政府数字化转型提供相应的制度保障。例如，山西省大同市先后制定出台了《大同市大数据发展规划（2017—2020年）》《大同市通信基础设施建设三年行动计划》等文件；晋城市制定了《晋城市大数据发展应用“十四五”规划》和《晋城市推进数字化转型大力发展数字经济争先领跑三年行动计划（2021—2023年）》等文件；太原市出台了《太原市数字政府建设实施方案（2021年）》等文件；阳泉市出台了《阳泉市数字政府建设三年行动计划（2021—2023年）》《阳泉市政务数据资源共享管理办法》等文件；长治市制定出台了《长治市加快数字政府建设实施方案》《长治市加快5G融合应用实施方案》等文件。另外，制度保障离不开强有力的监督保障和评价机制，在山西全省范围内推行的“好差评”制度，以制度化的授权模式，更加突出了办事企业与群众口碑在政府绩效评估中的决定作用。

2. 组织体系

制度作为一种结构性变量，会从多层次多维度来影响和形塑组织的行为选择，因此明晰组织体系也是地方政府数字化转型的重中之重。当前，地方政府原有的组织体系影响着政府数字化转型。下面将组织体系分为组织结构、职责划分、工作效率三方面进行分析。

（1）组织结构

我国政府长期以来一直遵照原有的科层体制运行，各级政府之间有着严格的上下级关系，通过命令、文件的上传下达来展开工作。而现在政府数字化转型更多强调运用扁平化管理思维，改变过去“以政府为中心”的高度政治化的一元管理思维方式，并要求与新技术相适应，形成整体联动、扁平高效、上下贯通的组织体系。因此，对政府部门之间的协作互动要求更高，受整体性治理理念的影响，迫切需要对政府的组织结构进行相应的调整。但是，由于政府数字化转型由多个部门同步推进，相互之间沟通协调困难，导致部门与部门之间配合不畅，工作不同步，产生了一系列问题。加上确立了主要牵头部门，就会使其他部门主观上认为数字政府建设管理工作并非本部门主要职责，导致其缺乏参与意识和责任意识，这也会使政府数字化转型进程进度缓慢。

（2）职责划分

职责划分不清也在一定程度上影响政府数字化转型进程。政府数字化转型不是一蹴而就的，而是一项长期复杂且艰巨的任务，其中涉及的内容有很多，而这些内容彼此交错繁杂，领导不可能都考虑到，在政策文件中也不可能都涉及。因此，在具体的实践过程中，不可避免地会导致职能交叉、职责划分不清的问题。

（3）工作效率

工作效率也是影响政府数字化转型的一个因素。工作效率低影响办事效率，也会对政府工作质量产生一定的影响，进而影响整个政府数字化转型过程。由于数字技术的进步，有的政府工作人员不适应这种工作方式上的新变化，这将会阻碍政府的数字化发展。另外，激励监督机制的不完善也会使政府工作人员效率下降，从而不利于政府数字化转型。

（三）行动策略：地方政府数字化转型的“指挥官”

行动策略为地方政府数字化转型指明了前进道路，从行动策略上来看，有技术管理、数据治理、资金支持、人才支撑、服务渠道五个方面。

1. 技术管理

进行技术管理是地方政府数字化转型的必备条件，是政府推进业务整体协同、运用数据进行管理的重要前提，为政府获取数据、优化管理、云办公、决策分析等方面提供了便利。同时，地方政府运用数字技术对政府数字化转型进行了统一规划和布局。在此基础上，标准统一、运转高效的数据共享交换平台以及一体化在线政务服务平台初步建成。这将推动数据归集整合，促进政务信息系统上云，实现由“物理整合”向“化学融合”转变，实现“国家—省—市”三级政务数据共享。除此之外，一批具有代表性的数字政府特色应用应运而生，在公共服务、社会治理、宏观政策制定和区域管理等方面，都显示出了明显的效果。

2. 数据治理

党的十八大以来，习近平总书记多次强调数字化转型是大势所趋，并发表了一系列重要论述，为实施数字中国、加快政府数字化转型指明了方向、提供了根本遵循。在新发展阶段，从数据治理维度积极探索地方政府数字化转型，将地方政府数字化转型作为推动数字政府建设的重要抓手，对推进政府部门治理体系和治理能力现代化建设具有重要的现实意义。

2020 年数据作为新型生产要素写入《中共中央、国务院关于构建更加完善的要素市场化配置体制机制的意见》，提出要加快培育数据要素市场，推进政府数据的开放共享。数据化转型是以数据开放和共享促进政府服务流程优化、业务协同，从而深化政府部门服务内容，打造服务型政府建设的新模式。数据化转型可以打破传统的政府部门间的信息壁垒，推进政府部门服务内容的集约化整合、协作化开发、高效化利用、网络化共享，在提升政府部门服务质量和水平的同时构建政府部门间分工协作新格局。数据是数字化发展中最重要的生产要素，数据开放共享是实现政府部门数据化转型的核心。实践中，应大力以一体化、集约化、网络化的综合型数据平台作为“数字底座”，构建各部委、省市政务数据共享的内部数据共享体系和以部委、地方政府为主体并对社会进行数据开放的外部数据开放体系，统一数据标准、精细数据管理、制定数据使用规范、加强数据安全保护，全面提升数据质量和分析能力，为数据开放和共享提供支撑和制度性保证，充分赋能政府服务与决策创新。充分发挥数据实时、精准、高效、追溯过去、预测未来的强大优势，打造数据维度上的“整体性政府”，提升社会治理能力。深入挖掘政务服务数据价值，增强数据驱动，全力打造流程简化、效率最高的办事流程，切实提升群众体验感和获得感。

地方政府数字化转型须充分利用现代信息技术，强化政务数据的整合、开放、共享，构建人机协同的网络化、数据化、智能化集成应用系统，形成地方政府数字化转型业务全流程闭环，实现各环节的数据溯源。通过数字化赋能，推进地方政府数字化转型，有助于提升地方政府科学化、精准化的服务效能。重塑网络化、数据化、智能化的政府治理形态，将在打造服务型政府、优化营商环境、深化“放管服”改革、构建新型智慧城市、激发市场活力和社会创造力、培育发展新动能等方面发挥实质性作用。

3. 资金支持

经济基础决定上层建筑，资金作为一种基础性资源，对组织的生存与发展起到至关重要的约束作用，地方政府数字化转型离不开一定的资金支持。地方政府数字化转型需要大量的资金支持去完善相关的基础设施建设、技术升级以及数字化项目建设。地方政府也采取了一些措施去争取充足的资金，比如完善多元投资机制，引入各类金融资本。注重政策指引与金融支持相结合，引导社会资本对相关创新型企业进行投资。例如，在融资难问题上，山西省太原市政府筹建太原金融服务体系，搭建太原综合金融服务平台，以此来促进资本市场发展。但是，由于地方政府数字化转型是一个庞大的工程，涉及的内容多而且多是高投入低产出，因此导致有些地方政府不愿意将资金投入到这项工作中来，反而投入到那些短期内带来很大收益的项目中，加上政府财政资源有限，导致投入力度有限。

4. 人才支撑

对一个组织来说，要想实现组织的长远发展必须要有充足的高质量人才作为保障。在地方政府数字化转型过程中，是否具有足够的专业机构和信息技术行业的从业人员来为其提供专业化咨询服务和技术支持，有利于政府部门数字化信息技术的应用发展。随着政府部门内部对专门从事信息技术行业人员的需求增加，为了拥有更为充足的人力资源，地方政府采取了多种举措。例如，依托省内高校资源，推动校企合作，鼓励企业、高校与科研机构搭建产学研合作平台；成立大数据研究院，设立技术研发中心，培育大数据人才与产业。另外，充分发挥专家作用，聘请专家为转型发展顾问，成立专家咨询委员会，提供专业化咨询服务。

5. 服务渠道

党的十九届五中全会和《国务院关于加强数字政府建设的指导意见》明确指出，“要加快数字化发展”“围绕加快数字化发展、建设数字中国重大战略部署，持续增强数字政府效能，更好激发数字经济活力，优化数字社会环境，营造良好数字生态”。随着数字经济逐步成为经济发展的新引擎，数字化转型日益成为政府推动实现治理能力现代化和区域经济高质量发展的关键路径和有力牵引。地方政府数字化转型是现有信息架构下形成的一种集约化、高效化、透明化的新型政府运行模式。通过地方政府数字化转型可以有效推动政府职能、组织结构、业务流程重组，以数字化转型整体驱动治理方式、政务服务方式变革，构建更加灵活、高效、智慧的政府，已成为当下政府建设的必然趋势。

通过网络打破政府部门内部组织的藩篱，畅通信息共享渠道，推进信息资源跨层级、跨部门、跨业务、跨系统的协同治理、整合，可以实现政府部门管理数据、业务数据、互联网数据的互联互通。借助网络化转型，政府部门可以从公众需求出发由以往的被动提供向主动服务转变，带动并辐射经济、社会、城市、民生等领域的发展，使政府部门既定的工作方式变得更加简单、高效。借助网络化转型，政府部门可以推动服务全面延伸，缩小区域差异，形成便捷、高效的服务体系，不断满足个人、组织单位日益增长的个性化、多样性需求，“互联网+政务服务”是网络化转型最鲜明的体现。实践中，通过打造统一用户中心，整合共享接口应用，有效拓展政府部门服务渠道和全面提升政府政务服务能力，使“一网通办、一网统管”“数据多跑路、群众少跑腿”“最多跑一次”成为现实，使政府数字化转型红利真正转化为群众、企业享受的便利，着力推进地方服务渠道的数字化拓展。

第三章

数字社会治理推进
中国式现代化的价值意蕴

第一节　激发社会治理创新和先行先试的潜力

一、社会治理创新的重要性

（一）治理创新对社会发展的推动

随着社会的不断发展和变化，治理创新已经成为社会进步和发展的重要动力。治理创新的实施可以改善社会的经济、政治和文化环境，促进社会的稳定和发展。其中，治理创新在以下几个方面对社会发展产生了积极的推动作用：

1. 提高社会治理水平

治理创新是以人民为中心的发展理念的具体实践，对于提高社会治理水平具有重要意义。通过引入新的管理模式和技术手段，加强政府与社会之间的联系和互动，建立高效的社会管理体系，能够更好地解决社会问题，实现社会治理的现代化。

2. 促进社会公平正义

在治理创新的过程中，社会公平正义的实现是重要的目标之一。治理创新可以依靠公平、公正的原则来实现企业的合法权益，进而促进社会的和谐稳定。治理创新还可以通过改善社会管理环境、促进人民的参与等方式，为社会的公平正义提供有力的支持。

3. 推动社会经济发展

治理创新可以促进社会经济的发展，为经济增长提供有力的支撑。通过对社会资源的优化配置和开发，提高社会的创造性和创新能力，加强产业创新和科技创新，推动产业升级，进而为经济发展提供稳定的支持。

4. 提高社会管理的效率

治理创新可以提高社会管理的效率和水平。通过引入先进的管理思想和技术，建立现代化的社会管理体系，提高管理人员的素质和能力，优化工作流程和机制，从而提高管理效率和效果，为社会发展和进步提供有力的保障。

（二）治理创新在解决社会问题中的作用

社会问题的治理一直是社会管理的重点和难点。治理创新在解决社会问题中具有重要作用，可以为其提供有力的支持和保障。

1. 精准扶贫

精准扶贫是一个复杂的社会问题，需要各方面共同合作，可以通过治理创新来解决这个问题。治理创新可以建立有效的扶贫机制和政策，利用先进的技术手段和管理思想，实现精准扶贫、控制贫困。同时，治理创新也可以加强社会资本的参与，形成多元化的扶贫模式，为精准扶贫提供有力的支持。

2. 环境保护

环境污染和生态破坏已经成为全球性的问题，需要通过治理创新来解决。治理创新可以通过创新环境保护的法律法规和政策，加大对环境污染和破坏的监管和惩罚力度，提高社会对环境保护的意识和参与度，从而为环境的保护和恢复提供有力的支持。

3. 公共安全

公共安全是社会治理的重点任务之一。治理创新可以通过创新的管理机制和技术手段，提高公共安全的管控和防范能力，防止各种安全风险的发生。同时，通过建立良好的社会安全体系和治安环境，加强人民的安全感和幸福感，为社会的发展提供有力的支持。

4. 城市治理

城市治理是一个综合性的任务，需要各方面的支持和合作。治理创新可以通过创新管理模式和技术手段，提高城市管理的效率和水平，优化城市发展的规划和布局，打造美丽宜居的城市环境，为城市的可持续发展提供有力的支持。

（三）社会治理先行先试的潜力

社会治理先行先试是指在解决特定问题的过程中，先制定规划、先行动、先评估并迅速总结经验，以便在全国推广提供可供参考的样本。先行先试的最大意义在于创造出现代化社会治理的先进实践，为之后的政策实施提供指引和可借鉴的经验。具体而言，先行先试有以下三个方面的重要意义：

1. 推动社会治理创新

先行先试是推动社会治理创新的有效途径之一。通过尝试新思路、新方案，积极探索治理体系和治理能力现代化的途径，对制度或机制进行创新和优化，从而为政府部门和社会各方提供创新范本和富有借鉴价值的实践经验。

2. 促进政策落实

通过先行先试，政策制定者可以在实践中得到验证和完善，更好地促进政策的落实。针对特定问题，先行先试可以在小范围内进行试验，通过充分沟通、协调、评估等环节，逐步完善政策方案，减少风险和误区，确保政策的有效性和可持续性。

3. 增强全国治理体系的整体性和协同性

通过不断的先行先试，在不同的地区、行业和领域进行探索，不断积累经验、总结经验，推广先进经验和行之有据的原创成果，为全国治理体系的整体性和协同性提供重要的支撑和推动。

二、先行先试的成功案例分析

先行先试可以被视为一种成功的政策工具，对于推动社会治理的创新发挥了重要的作用。以下是一些成功的先行先试案例：

1. 鼓励创新，推广经验——社区综合治理先行先试方案

社区综合治理是当前城市治理的重要课题。在社区综合治理先行先试方案中，探索了社区治理的多元化、社会化、专业化的路径，首创了“一机制、三平台、多层级”的治理格局。先行先试的成功经验被推广到全国各地，成为促进社会治理现代化的典范。

2. 环境监管的变革——河北雄安新区生态环境治理先行先试方案

河北雄安新区是我国新型城镇化示范区。在生态环境治理先行先试方案中，制定了一系列具有创新性的工作方案，包括打造新型生态城市、雄安“无废城市”、大气污染治理等。通过先行先试，雄安新区成功地推动了环境治理的变革。

3. 治理城市交通拥堵——福建厦门“5+2”城市治理创新先行先试方案

福建厦门是我国服务业发展的先行先试城市之一。在厦门“5+2”城市治理创新先行先试方案中，重点探索了“集成化交通管理”

"滨海生态旅游区规划"等工作方案，通过积极创新和实践，成功解决了城市交通拥堵的问题。

三、先行先试面临的问题及解决思路

先行先试虽然对社会治理创新具有重要的推动作用，但也存在一些问题和挑战：

（1）先行先试的制度保障不够。先行先试在实践中需要有明确的制度保障，即制定先行先试的具体实施方案以及相关的法规制度，以确保先行先试的正当性和可行性。同时需要社会各方的积极参与，集思广益，共同推进先行先试的实践。

（2）先行先试的推广难度大。先行先试的成功经验和创新成果需要被迅速推广和普及。但是，由于地区和群体的差异，先行先试的实施成果的推广难度较大，需要积极寻找具有普遍性和可操作性的解决方案，强化推广的组织和管理，以提高先行先试成果的推广效果。

（3）先行先试的实践评估不充分。先行先试的实践评估应当是一个重要环节，但是目前存在一些问题。在先行先试实践过程中，评估研究工作不充分，难以准确把握先行先试的实际效果。为此，需要建立科学合理的评估体系，评估先行先试的成效和不足，并及时调整和优化先行先试的方案。

总之，先行先试是推进社会治理创新的一条重要途径。要发挥先行先试的潜力，需要着眼于实际问题，创新思维，加强制度保障，推动先行先试在各领域的实际落地。同时，要追求实效，注重成果推广和准确的实践评估，为推动治理体系和治理能力现代化做出更大的贡献。

社会治理在中国的改革和发展过程中，一直是不可或缺的重要内容。不论是经济发展、社会稳定，还是政治稳定、民生保障，都需要有一个健全的社会治理体系作为支撑。随着中国现代化进程的加速和社会变革的加剧，社会治理所面临的挑战也越来越多。为了适应这种变化，必须激发社会治理创新和先行先试的潜力，以适应新形势下的社会治理需求。下面将从推动社会治理创新的机制和制度、支撑社会治理先行先试的资源和保障以及促进社会治理创新的文化和理念三个方面进行阐述。

1. 推动社会治理创新的机制和制度

社会治理创新的实现，需要有一个清晰的机制和制度支撑。这些机制和制度可以推动社会治理的优化、协同和升级。例如，地方政府应建立以社会治理体系为核心的管理体系，协调各类社会资源，整合社会力量，优化社会治理方式，健全服务社会的机制。同时，各级行政管理机构要加强社会治理创新的宣传和推广，以鼓励更多的相关方进行社会治理创新尝试。另外，建立社会治理创新基金，对符合条件的创新项目给予资金支持，以鼓励更多的社会力量参与社会治理创新。

2. 支撑社会治理先行先试的资源和保障

社会治理创新需要得到足够的资源和保障，这些资源和保障可以包括物质资源和人力资源。一方面，政府应该加大对社会治理创新的资金投入，确保社会治理创新的顺利进行。另一方面，社会组织、企业和个人等各类社会主体应该积极参与社会治理创新，提供各种资源和保障。例如，社会组织可以发挥自身优势，为创新提供专业的服务和支持；企业可以利用自身的技术和人才优势，开展社会治理创新；个人则可以通过参与社会治理活动，推动社会治理创新的发展。

3. 促进社会治理创新的文化和理念

社会治理创新需要一种创新的精神和创新的思维方式。这需要培养和推广一种开放、自主、创新、协同的社会治理文化和理念，激发人们的社会治理创新意识和创新能力。这种文化和理念的培养需要从多个方面入手，例如，政府应该加强社会治理知识的普及，推广创新理念，使人们了解社会治理创新的重要性；媒体应该加强社会治理创新的宣传，引导公众关注和参与社会治理创新；社会组织可以通过举办各类社会治理创新活动，提高公众社会治理创新意识和能力。

综上所述，社会治理创新是一项长期的任务，需要政府、社会组织、企业和个人等各方面的参与和合作。只有通过加强机制和制度建设、增强社会治理创新的资源和保障以及培养和推广一种创新的文化和理念，才能推进社会治理创新，促进社会治理的顺利发展。

第二节　着眼效率提升，推动管理服务升级

数字治理是通过数字化技术手段，对政府、企业、组织等公共管理主体的各个部分进行治理和优化，以达到提高管理水平、提高效率、降低成本等目的的管理模式。数字治理的实践已经在全球范围内得到广泛应用，取得了显著的效果。

一、数字化转型与效率提升的关系

在数字化转型的背景下，数字治理所带来的效果也越来越明显。

数字化转型的核心在于优化现有的生产、运营、管理等流程，以及通过数字技术的应用，提升企业的效率、降低成本，进而提高企业的竞争力。数字治理，作为数字化转型的支撑和保障，对提升效率和降低成本有着重要的作用。

数字治理提升效率的关键在于数字化转型所涉及的各方面。数字化转型的核心在于通过数字化技术手段，进行信息的采集、整理、处理、分析和应用，从而优化现有的流程和资源，提高生产效率和管理效率。通过数字化技术手段，可以实现信息的快速传递和高效运转，以及实现对组织、企业、政府等公共管理主体各个部分的精细管理和优化。数字化转型不仅可以提高生产效率，还可以提高管理效率，降低管理成本，提高企业的竞争力。

数字化转型所涉及的各方面包括：信息采集、信息整理、信息处理、信息分析、信息应用等。信息采集是指通过数字化技术手段，对组织、企业、政府等公共管理主体的各个部分进行数据采集、信息采集，以获取更加准确、全面、及时的数据和信息。信息整理是指对采集到的数据和信息进行整理、分类、归纳等，以便更好地进行管理和分析。信息处理是指通过数字化技术手段，对数据和信息进行处理和分析，以获取更加准确、全面、及时的信息。信息分析是指对处理后的数据和信息进行分析和处理，以根据分析结果进行管理和决策。信息应用是指将处理和分析后的信息应用到管理、生产、销售等各个方面，以提高管理效率和生产效率。

二、数字治理对企业效率提升的实践案例

数字治理对于企业的效率提升有着重要的作用。通过数字化技术手段，企业可以实现信息的高效传递和管理，从而提高生产效率

和管理效率，降低管理成本，提高企业的竞争力。下面介绍几个数字治理在企业中的实践案例。

（一）数字化制造模式

数字化制造模式是指通过数字化技术手段，对生产流程进行数字化管理和智能化优化，以提高企业的生产效率和质量。数字化制造模式的核心在于通过数字技术，实现生产流程的数字化控制和监控，以减少生产过程中的错误和浪费。数字化制造模式的实践案例：数字化制造模式已经被广泛应用于汽车、机械制造、航空航天、化工、电子等行业。例如，德国的西门子公司就将数字化制造模式应用于自己的制造业中，通过数字化技术手段实现生产流程的数字化控制和监控，从而实现生产效率和质量的提升。

（二）数字化供应链管理

数字化供应链管理是指通过数字化技术手段，对供应链流程进行数字化管理和优化，以提高企业供应链的效率和质量。数字化供应链管理的核心在于通过数字技术，实现供应链流程的数字化控制和监控，以减少供应链中的错误和浪费。目前，数字化供应链管理已经被广泛应用于零售、物流、制造等行业。例如，中国的阿里巴巴公司和美国的亚马逊公司就将数字化供应链管理应用于自己的业务中，通过数字化技术手段实现供应链流程的数字化控制和监控，从而实现供应链效率和质量的提升。

（三）数字化客户服务

数字化客户服务是指通过数字化技术手段，对客户服务流程进行数字化管理和优化，以提高企业客户服务的效率和质量。数字化客户服务的核心在于通过数字技术，实现客户服务流程的数字化控制和监控，以提高客户服务的响应速度和质量。目前，数字化客户服务已经被广泛应用于银行、电信、保险等行业。例如，中国银行和中国移动公司就将数字化客户服务应用于自己的客户服务中，通过数字化技术手段实现客户服务流程的数字化控制和监控，从而实现客户服务效率和质量的提升。

三、数字治理推动管理服务升级

数字化转型已经成为现代社会的趋势，各国政府也正在积极推进数字化转型。数字化转型旨在将传统的管理方式转变为一种更加高效、更加现代化的管理方式。数字化转型可以提高管理效率、优化服务体验、降低成本，所以数字治理对于管理服务升级有着非常重要的作用。

（一）数字化转型对管理服务的重要性

数字化转型对管理服务升级有着非常重要的作用。数字治理可以帮助政府提高管理效率，促进公共服务的改善。随着数字化程度的提高，政府可以更好地管理公共资源，实现公共服务的创新和升级，提升公众满意度和参与度。首先，数字化转型可以提高政府公共服务的效率和质量。数字化技术可以提高政府公共服务的响应速度和处理效率，减少人力资源成本，并且可以提高服务的质量和可靠性。这对于提高公众对政府的信任度和满意度具有非常重要的作用。其次，数字化转型可以促进政府治理的创新。数字化转型将使政府的管理模式更加灵活和高效，可以更好地响应公众需求，引领政府治理的创新和升级。这将有效加强政府的公信力和透明度，提高公众参与程度，增强政府治理的影响力和权威性。最后，数字化转型可以提高政府管理的透明度和可视化。数字治理可以实现政府管理的可视化和信息化，使政府信息的交流和共享更加方便和高效。公众可以通过互联网获取政府信息，提高政府的透明度和公信力，从而更好地实现政府与公众之间的互动和沟通。

（二）数字治理对管理服务升级的实践案例

数字治理已经在各个领域得到了应用，对于提升管理服务的质量和效率起到了积极的推动作用。以下是数字治理在管理服务升级方面的一些实践案例。

1\. 基于数字治理的政府服务中心

政府服务中心是一种通过整合政府部门的服务资源而建立的综合服务机构，可以提供一站式的服务，为公众提供高效、便捷的公共服务。数字化转型可以帮助政府服务中心提高管理效率和服务质量。数字治理可以实现政府服务的标准化和信息化，提高政府服务的服务水平和满意度。政府服务中心可以通过建立互联网服务平台、信息化服务系统等，提供更便捷、更高效的公共服务。

2\. 基于数字治理的智慧城市

智慧城市是一种利用先进的信息、通信和数字化技术改造城市的全新概念，旨在提高城市的智能化、绿色化和可持续发展。数字化转型可以帮助智慧城市提高城市管理的效率和质量。数字治理可以实现城市管理的可视化和信息化，提高城市管理的精准度和效率。智慧城市可以通过建立城市信息化平台、智能交通系统、智能环境监测系统等，实现城市公共服务的智能化和自动化。

3\. 基于数字治理的电子政务

电子政务是指政府利用信息技术和电子化手段实现政务信息化和公共服务的电子化，以提高政府管理的效率和质量。数字化转型可以帮助电子政务提高政府信息化和服务质量。数字治理可以实现政府信息的共享和集成，提高政府服务的效率和质量。电子政务可以通过建立电子政务门户、公共信息查询系统等，为公众提供更加便捷、高效的政府服务。

（三）数字治理对管理理念的创新和升级

数字治理能够推动管理服务升级，具体体现在对管理理念进行创新和升级。数字化转型使政府管理变得更加高效和便捷，这将促进政府管理的深度创新和升级。

1. 从“服务型政府”到“数字化政府”

在传统的“服务型政府”中，政府通过提供服务来满足公众的需求，但服务的质量和效率往往受到一定的制约。数字化转型可以通过数字化技术的应用，使政府服务更加智能、高效和便捷，从而实现从“服务型政府”到“数字化政府”的转变。

2. 从“数据收集”到“数据应用”

在传统的管理模式中，政府主要依靠数据收集和分析来判断政策效果和公共服务情况。但数据收集和分析所产生的数据往往只被用于统计和归档，对于政府实现数据驱动的管理还有很大的提升空间。数字化转型可以应用大数据、人工智能等技术，将数据转化为行动，实现从“数据收集”到“数据应用”的转变。

3. 从“自上而下”到“自下而上”

在传统的管理模式中，政府通过颁布政策和制订计划来指导公共服务的开展，但这种管理方式往往会出现政策与实际情况不符的问题。数字化转型可以通过开放式的公共服务平台、社交媒体等渠道，实现公众的参与和反馈，使政府管理模式从“自上而下”转变为“自下而上”。

（四）数字治理的未来趋势和展望

1. 数字治理的发展趋势和未来展望

随着数字技术的快速发展和应用，数字治理也在不断地演变和进步。数字治理的未来趋势和展望主要包括以下几个方面：（1）数字治理已经成为政府和企业提高效率、优化服务、管理风险、促进创新和发展的重要手段。未来数字技术会进一步融合和应用，数字治理将成为政府和企业全方位管理和服务的基础。（2）数字治理将成为可持续发展的基石。数字技术可以为政府和企业提供更精准、智能、可靠的数据支持，帮助其制定和实施可持续发展的战略和计划，实现经济、社会、环境的良性循环发展。（3）数据共享和互联互通将成为数字治理的主要形式。数据是数字治理的基石和核心资产，数据共享和互联互通是实现信息互通、协同管理、合作共赢的重要手段。未来数字治理将注重数据共享和互联互通的建设和规范，打造数字经济和数字社会的共享与合作平台。（4）数字治理将强化信息安全和隐私保护。随着数字治理的不断加强和广泛应用，信息安全和隐私保护将成为数字治理的重要基础和核心要素。未来数字治理将着重加强信息安全、隐私保护、数据管理和治理的规范和标准化，确保数字经济和数字社会的可持续发展。（5）数字治理将加强智能化、自动化和智能决策的应用。随着人工智能、区块链等数字技术的快速发展和应用，数字治理将越来越智能化、自动化。未来数字治理将利用人工智能、机器学习等技术，提高数据的分析和决策能力，实现数字治理的智能化和自动化。

2. 数字治理对行业和社会的影响和重要性

数字治理是数字经济和数字社会的核心，对行业和社会的影响和重要性不可低估。数字治理的影响主要表现在以下几个方面：

(1) 促进行业转型升级和创新发展。数字治理为行业提供了更加精准、智能、高效的数据管理和决策支撑，促进行业向数字化、智能化、绿色化、创新化、共享化方向转型升级，推动企业实现可持续发展。(2) 提升政府服务水平和治理能力。数字治理为政府提供了更加精准、智能、透明、高效的管理和服务手段，提升政府服务水平和治理能力，推动政府从管理向服务导向转变，实现政府治理现代化。(3) 促进数字经济和数字社会的发展。数字治理作为数字经济和数字社会的重要基础和核心要素，为数字经济和数字社会的发展提供了坚实的支撑和保障，推动数字经济和数字社会的全面发展。(4) 加强信息安全和隐私保护能力。数字治理加强信息安全和隐私保护规范的建设和应用，提高信息管理和治理能力，保障信息安全和隐私保护，避免数字治理可能带来的风险和挑战。

3. 数字治理的未来研究方向和应用前景

未来数字治理的发展将面临许多挑战和机遇，需要加强研究和探索。数字治理的未来研究方向主要包括以下几个方面：(1) 数字治理的理论和方法研究。数字治理是一个新兴领域，需要加强理论和方法的研究和创新，提高数字治理的科学性和实用性。(2) 数字治理的应用和实践研究。数字治理的应用和实践是数字治理研究的核心，需要加强数字治理的应用和实践研究，不断推动数字治理的创新和升级。(3) 数字治理的安全和隐私保护研究。数字治理的安全和隐私保护是数字治理研究的重要领域，需要加强数字治理的安全和隐私保护研究，保障数字治理的可持续发展。

总之，未来数字治理将和数字技术一起不断创新和进步，为行业和社会的发展注入新的活力和动力。未来数字治理需要加强理论、方法、应用和实践的研究和创新，不断提高数字治理的科学性、实用性和可持续性，促进数字治理与数字经济、数字社会的良性互动和合作，实现共赢发展。

第三节　助力构建共享、开放、协同的治理生态

随着社会的不断发展和科技的不断进步，人类社会的发展越来越依赖于信息化和数字化的技术手段。在这个过程中，各种互联网平台和数字化服务层出不穷。这些平台和服务的出现，使得信息的流通和共享变得更加便捷和高效，并为社会带来了诸多便利。但是，这些平台和服务也出现了一些问题，如隐私泄露、信息安全问题、不公平竞争等。这些问题严重影响到了网络生态的健康和稳定发展。因此，如何构建一个共享、开放、协同的治理生态已经成为亟待解决的问题。实践证明，数字社会治理有助于构建共享、开放、协同的治理生态。

一、共享治理生态

（一）共享治理生态概念的内涵

共享治理生态的概念包含以下几个方面：（1）共享。共享是指将资源、信息、经验等各种创新资源进行共享和交流，形成一个共同利益的良性互动机制。（2）开放。开放是指将治理过程开放，允许更多的参与者参与其中，形成一个共同参与、共同治理的生态系统。（3）协同。协同是指在共享和开放的基础上，各方主体进行全面协作，共同推进治理工作，形成互利共赢、共同发展的局面。（4）共同管理。共同管理是指各参与方在共享、开放、协同的基础上，协同管理公共事务，共同维护公共利益。

（二）共享治理生态的形成机制

共享治理生态的形成机制，主要包括以下几个方面：（1）共享平台的建立。建立一个共享平台，将各种创新资源整合到一个有机的系统中，形成可持续的交流和共享机制。（2）数据共享的推进。建立一个完整的数据共享体系，吸引更多的社会组织和个人参与其中，形成一个广泛的数据共享网络。（3）经验交流的开展。开展经验交流活动，建立经验交流机制，促进各参与方之间的交流和学习，形成跨界、跨领域的合作模式。（4）制度安排的协同。在治理模式方面，建立协同机制，制定相关的治理规章制度，推动各参与方之间的协同合作。

（三）共享治理生态的作用与特点

（1）促进资源优化配置。共享治理生态可以有效地促进资源优化配置，实现资源的最大利用价值。（2）强化社会组织协同。共享治理生态可以有效地强化社会组织之间的协同合作，提高整体的治理能力和效率。（3）增强公共治理的透明度。共享治理生态可以增强公共治理的透明度，让更多的人参与到公共治理中来，提高公共治理的效果和公信力。（4）推动创新发展。共享治理生态在促进资源、经验、技术等的流动和交流中，可以推动各参与方之间的创新发展。

总之，共享治理生态是一种基于共享、开放、协同的治理模式，其核心是共同管理、共同享有、共同发展、共同创新的理念。共享治理生态能够建立在社会公共资源的共享和社会组织的协同合作基础之上，实现资源、信息、技术、经验等各种创新资源的共享和交流，形成一个共同利益的良性互动机制和协同创新的生态系统。共享治理生态的形成机制包括共享平台建立、数据共享推进、经验交流开展、制度安排协同等方面。

二、开放治理

杨立华教授在《开放治理：中国改革开放40年国家治理的最宝贵经验》一文中指出，在开放治理中，开放不仅是治理的对象，也是治理的手段和目标。所以，开放治理既是“对开放的治理”，也是“以开放为手段或方法的治理”，同时是“以开放为目标的治理”。由谁开放、为谁开放、对谁开放、开放什么等四个问题合起来，可统称为开放治理的基本内容。[①] 开放治理的含义主要包括以下几个方面：

首先，开放治理是一种基于网络的治理模式。以互联网技术为基础，打破了时空的限制，让行政管理、社会组织、企业和公众之间可以实现全方位的信息共享，形成一种真正意义上的“群众路线”。其次，开放治理是一种基于公共价值的治理模式。公共价值是一种普遍性的社会价值，以人民利益为中心，是政府、企业和公众共同追求的目标。开放治理要求政府、企业和公众在公共问题的决策和实施中都要以公共价值为前提，增强公共决策的合法性和公信力。再次，开放治理是一种基于协作共治的治理模式。在传统治理模式中，政府是治理者，公众则是被治理者。而在开放治理模式中，政府、企业、社会组织、公众等各方协同作为治理主体，共同参与公共决策和实施。在这种协作共治中，各方互相协助，相互促进，实现共同治理。最后，开放治理是一种基于技术创新的治理模式。

① 杨立华：《开放治理：中国改革开放40年国家治理的最宝贵经验》，载《太原理工大学学报（社会科学版）》2021年第6期。

技术创新推动了信息时代的到来，为开放治理提供了便利。互联网、云计算、大数据等技术的应用，让治理变得更为透明、高效，为各方提供了更广阔的互动和协作空间。

三、协同治理

（一）协同治理的内涵

协同治理是一种治理模式，它通过政府、企业、社会组织等多方参与和协作，共同解决社会问题和提高公共事务的管理效率和质量。协同治理的核心思想是合理利用各方的资源和优势，形成良性互动和协调，实现社会效益的最大化。

协同治理的内涵包括以下方面：（1）多元主体的参与。协同治理要求政府、社会组织、企业和公众等多方积极参与，形成多元主体的协作和互动，实现合力治理。（2）信息共享和透明。协同治理要求各方共享信息，促进信息透明度和公开化，加强沟通和协作，防止信息不对称而产生误解。（3）分工协作和优化资源配置。协同治理通过合理分工，实现资源共享和优化配置，提高管理效率和质量。（4）民主决策和公众参与。协同治理要求广泛征求公众意见，实现民主决策和公众参与，提高社会各方面的治理效果。（5）风险共担和责任共担。协同治理要求各方共同承担风险和责任，实行风险共担和责任共担，确保社会公平和公正。

（二）协同治理的实践模式和机制

协同治理的实践模式和机制主要包括以下几种：（1）政府主导型。政府主导型是协同治理的传统模式，它以政府为中心，其他主体为辅助，通过政策和法规的制定和执行，推进社会事务的管理和治理。(2) 网络协作型。网络协作型是近年来发展起来的新型协同治理模式，它以互联网等信息技术为基础，通过建立网络平台和社交媒体等，促进各方之间的沟通和协作，共同解决社会问题。(3) 社会合作型。社会合作型是在政府主导型基础上，引入社会组织和企业等多方主体参与，形成协作机制，共同实现社会问题的治理和管理。(4) 公共参与型。公共参与型是将公民参与作为治理的重要组成部分，通过广泛征求公众意见和建议，形成公共参与的机制和体系，推进社会治理的民主化和公众化。

(三) 数字化进程与治理的关系

数字化技术的发展使得信息的获取、加工、传递和利用更加便捷高效。数字技术的广泛应用改变了政治、经济、文化和社会生活的各个方面。数字化进程改变了国家治理和社会运作的方式，推动了公共治理的转型和升级。数字化进程与治理的关系可以从以下几个方面来理解：

1. 提高治理效率和效益

数字技术的广泛应用和数字化进程为政府提供了更多、更准确的信息和数据，有助于政府更好地理解和管理社会现象和问题。同时，数字技术还可以提高公共服务的质量和效率，从而提高治理效率和效益。

2. 促进公众参与和民主决策

数字化进程带来了更多的信息和透明度，使得公众更加容易获取政府的信息和决策，并参与到治理过程中。数字治理可以帮助政府与公众之间建立更紧密的联系，增强公众对政府的信任感和参与感，促进民主决策和公共参与。

3. 促进国际合作和建立全球治理体系

数字化进程使得信息和数据的流通和共享更加便捷和高效。数字治理有助于促进国际交流合作，促进建立更加公正和有效的全球治理体系。

四、数字治理对共享治理的促进

（一）促进信息共享和透明化

数字治理可以促进信息的共享和透明化，让参与治理的各方都可以快速了解治理的情况、进展和决策结果。通过数字治理提供的信息平台，可以实现信息公开共享，让公众、政府等可以共同掌握治理领域的信息，提高对治理的参与度和认同度。

（二）促进多方协同合作

数字治理可以促进参与治理的各方之间的协同合作，建立一种全新的治理模式。相比传统的管理方式，数字治理能够更为高效地组织、调度、分配和监督各种资源，提高治理的协同效率和效果。通过数字治理提供的信息平台和交流平台，各方可以更加便捷地进行互动和沟通，发挥各自的优势，减少重复工作，提升整体效率。

（三）促进治理效果的监测和评估

数字治理可以促进治理效果的监测和评估，让治理成果得到客观的评价和反馈。通过数字治理提供的信息平台和数据分析技术，可以对治理过程和治理效果进行实时监测和分析，及时发现问题和优化方案，提高治理的针对性和有效性。

（四）促进参与治理者的民主化和平等化

数字治理可以促进参与治理者的民主化和平等化，让更多的人有机会参与到治理中来，让治理权利更加平等地分配。通过数字治理提供的信息平台和交流平台，可以为试图参与治理的人们提供公开、透明、平等的参与机会，让更多的人可以积极参与到治理中来，提高治理的广泛代表性和民主参与。

总之，数字治理作为数字化转型的一种手段和方式，正在成为政府部门、企业和社会组织重要的治理方式。数字治理在共享治理中发挥着重要的作用，可以促进信息共享和透明化、促进多方协同合作、促进治理效果的监测和评估、促进参与治理者的民主化和平等化，进而构建共享、开放、协同的治理生态。数字治理与共享治理的结合是数字化转型的体现，也是未来治理的趋势，对于政府部门、企业和社会组织来说，需要把握机遇，积极推进数字治理的发展，为构建共享、开放、协同的治理生态贡献力量。

第四章

中国式现代化视域下
数字社会治理的内在逻辑

第一节　数字社会治理现代化是中国式现代化的重要引擎

随着信息技术的快速发展和数字化进程的日益深入，数字社会治理现代化在全球范围内引起了广泛的关注和讨论。作为现代化的重要引擎，数字社会治理现代化对于社会生产力和社会文明水平的提升具有极其重要的意义。下面将从数字技术对社会治理现代化的推动作用、数据驱动的治理模式的优势和意义两个方面进行详细探讨。

一、数字技术对社会治理现代化的推动作用

数字技术的出现和普及，对于社会治理现代化的推动作用不可忽视。数字技术不仅改变了人类生活和工作的方式，还改变了社会治理的方式和模式。首先，数字技术改变了信息传播的方式和速度，使得信息的获取和传递变得更加便捷和迅速。在数字化时代，通过网络、移动设备等终端设备，人们可以随时随地获取各类信息，使得信息获取的门槛大大降低。其次，数字技术改变了人们的社交方

式和社交模式，促进了社区治理的发展。数字技术带来了“智慧社区”的概念，通过人脸识别、智能安防等技术，可以实现社区安全、环境卫生、交通等方面的智能化管理。此外，数字技术还改变了政府和公共机构的管理方式和手段，推动了政府治理的现代化。在数字化时代，政府和公共机构可以通过数字技术实现信息共享、快速响应、高效管理等，从而提高政府服务的质量和效率，改善人民生活。

二、数据驱动的治理模式的优势和意义

数据驱动的治理模式，是数字社会治理现代化的重要体现。数据驱动的治理模式基于大数据分析技术，通过分析大量数据，挖掘数据背后的规律和趋势，为决策提供科学的分析和支持，从而实现治理的精准化和智能化。这种模式的优势和意义如下：

首先，数据驱动的治理模式可以提高决策的科学性和准确性。在传统的治理模式中，决策往往依赖于经验和直觉，缺乏科学依据；而在数据驱动的治理模式中，决策基于大数据分析，可以实现对治理目标、影响因素、成本效益等方面的科学分析，使决策更加科学和准确。其次，数据驱动的治理模式可以提高治理的精准性和智能化。在传统的治理模式中，往往出现因为数据不全或者不准确而导致的决策不佳的现象；而在数据驱动的治理模式中，可以通过大数据分析技术实现数据的全面和准确采集，从而提高治理的精准度和智能化。最后，数据驱动的治理模式可以提高治理的公正性和透明度。在传统的治理模式中，往往出现决策不公平或者缺乏透明度的现象；而在数据驱动的治理模式中，决策依赖于数据和算法，避免了人为因素的干扰，从而能够实现治理的公正性和透明度。

综上所述，数字社会治理现代化是中国式现代化的重要引擎，数字技术的快速发展和数字化进程的日益深入，为数字社会治理现代化提供了重要支撑和保障。数据驱动的治理模式作为数字社会治理现代化的重要体现，具有提高决策的科学性和准确性、提高治理的精准性和智能化、提高治理的公正性和透明度等优势和意义，将在数字社会治理现代化中起到越来越重要的作用。

三、数字社会治理现代化的路径和对策

数字社会治理现代化是中国式现代化的重要引擎，随着数字技术和数据资源的不断发展，数字社会治理现代化正成为人们关注的焦点。下面将重点探讨数字社会治理现代化的路径和对策，提出加强数字技术和数据资源建设、推动数字社会治理现代化创新、强化数字社会治理现代化的法律制度建设等方面的建议。

（一）加强数字技术和数据资源建设

数字技术和数据资源是数字社会治理现代化的重要支撑，加强数字技术和数据资源建设是实现数字社会治理现代化的重要保障。具体而言，应加强以下方面的建设：

1. 优化数字技术基础设施建设

数字社会治理现代化需要依托良好的数字基础设施，应加强数字技术基础设施建设，提高数字技术服务的普及率和质量。此外，还需要打造数字经济新生态，培育数字经济新动能，促进数字经济的快速发展。

2. 提高数据资源整合和利用能力

数据资源是数字社会治理现代化的重要支撑，提高数据资源整合和利用能力对优化治理效率、提高治理水平至关重要。因此，应

加强数据互联互通和共享，推动数据资源共建共享，建立和完善数据安全保护制度。

3. 着力提高数字技术人才培养质量

数字技术人才是数字社会治理现代化的重要基础，应加强数字技术人才培养质量，建立数字技术人才培养机制，推动数字技术人才队伍专业化和多元化发展。

（二）推动数字社会治理现代化创新

数字社会治理现代化需要具有前瞻性、创新性和协同性，促进治理体系和治理能力现代化升级，需要推动数字社会治理现代化创新。具体而言，应加强以下方面的创新：

1. 推动数字化治理创新

数字化治理创新是数字社会治理现代化的关键，应充分利用数字技术和数据资源，打造智慧城市和智慧社会，实现政务全覆盖、民生全满意。

2. 推行数字政务

数字政务是数字社会治理现代化的重要内容，要求推行数字政务，提高政府数字化治理能力和公共服务水平，增强政府治理效能和公众信任度。

3. 加强数字化安全保障

数字化安全保障是数字社会治理现代化的重要保障，要求加强数字安全防范措施，建立数字化安全保障体系，确保数字化治理安全有序开展。

（三）强化数字社会治理现代化的法律制度建设

数字社会治理现代化是一个复杂的过程，需要依法治理，强化数字社会治理现代化的法律制度建设是实现数字社会治理现代化的重要保障。具体而言，应加强以下方面的建设：

1. 完善数字社会治理现代化的法律法规

数字社会治理现代化需要依法治理，应完善数字社会治理现代化的相关法律法规，规范数字社会治理现代化的行为准则和道德规范。

2. 加强数字化治理法律体系建设

数字化治理法律体系是数字化治理的重要保障，应加强数字化治理法律体系建设，健全数字化治理法律机制和法规体系，打造数字化治理法律保障体系。

3. 推动数字化治理法治化

数字化治理应依法治理，促进数字化治理和法治建设相互促进、相互支撑。具体而言，要加强数字化治理法治化的宣传教育、制度建设和实践探索，促进数字化治理法治化的不断深入。

综上所述，加强数字技术和数据资源建设、推动数字社会治理现代化创新、强化数字社会治理现代化的法律制度建设等方面是实现数字社会治理现代化的关键举措。只有努力加强数字社会治理现代化的建设，才能推动中国式现代化的发展进程。

第二节　中国式现代化催生数字社会治理手段的变革

当今时代，以大数据、云计算、物联网、人工智能、移动互联网等为代表的数字技术正在以前所未有的规模和速度赋能治理领域，数字治理逐渐成为国家和社会治理的新动能。数字治理作为将新兴数字技术与治理要素相结合，运用技术手段真实反映、有效推进现实治理的实践活动，实现对治理主体内部“赋能”、对社会公众外部“赋权”。新兴数字技术在重塑政府治理流程、满足个性化的公共服务需求、提高国家治理和社会治理精准化、高效化水平等方面发挥着重要作用。党的二十大报告详细阐述了中国式现代化的五大特征，并提出了以中国式现代化全面推进中华民族伟大复兴。同时，提出要加快建设“网络强国、数字中国”。这意味着以数字治理为重要表征的数字中国建设成为中国式现代化建设的必然要求。以习近平同志为核心的党中央高度重视新一轮科学技术革命对我国经济社会发展的重要推动作用，强调要加快运用网络信息技术推进社会治理，提高国家治理和社会治理的智能化水平。在此背景下，如何以数字治理这一新型的治理形式助推中国式现代化发展成为亟待深入探索推进的重大课题。

一、以数字技术实现社会治理精细化，助推人口规模巨大的现代化

人口规模巨大是推进中国式现代化进程中必须面对的重要现实情况。14 亿多的人口总数考验着我国治理体系和治理能力的现代化水平。伴随着改革开放进程的加快和社会主要矛盾的转变，在社会治理领域逐渐体现出公共服务需求多样化、公共管理事项复杂化和社会风险交织叠加的特征，给中国式现代化新阶段的社会治理带来全新的挑战。新一轮数字技术的兴起为精细化、高质量推进社会治理提供了重要支撑。

（一）以数字治理助力高质量公共服务供给

随着工业化、城镇化和市场化进程的加快，城乡居民的生活水平大幅提高，公共服务多元化需求显著增强，城乡居民对高品质生

活的愿望越来越强烈、越来越多样化。在人口规模巨大的国情下，必须丰富多层次多样化公共服务的有效供给。以大数据、云计算、物联网、人工智能等为代表的新一轮科学技术革命的兴起，为满足社会公众多元化、个性化的公共服务需求提供了技术支撑。首先，社会公共服务涉及教育、医疗、就业、养老、住房、公共文化服务等诸多内容，运用数字技术可将公共服务的诸多内容整合为一体化的大数据平台，通过这一平台，社会个体可以更全面地获取公共服务的数据信息。其次，随着人们对高品质生活的追求和个性化公共服务意识的增强，运用数字技术可以精准识别公共服务对象的需求，提高公共服务供给的精准性。例如，杭州市萧山区针对区内老年人占比较多的现实，运用大数据和人工智能算法，构建告警预警模型，可以精准识别 36 种突发状况，从而保障老年人居家安全。[①] 最后，运用数字技术可以对公共服务的供给效果进行精准评估，了解社会公众对于公共服务供给的获得感与满意度，从而提高公共服务供给的科学化水平。

（二）以数字治理助推公共管理科学化决策

自 1992 年我国确立社会主义市场经济体制以来，为不断适应社会主义市场经济体制改革的进程，我国持续推进政府职能转变，理顺政府与市场的关系，各级政府深化简政放权，逐渐向服务型政府转型，不断提升超大规模人口的服务和管理能力。在此过程中，新一轮科学技术革命的兴起为政府部门的科学化管理和决策提供了重要的助力，一方面，新兴数字技术能够增强人类行为的可预测性，为公共部门的管理和决策提供重要的前置性信息。伴随着大数据技

① 章建平、沈小虎：《杭州市萧山区数据资源管理局：建设一体化数字驾驶舱打通基层治理“最后一公里”》，载《今日科技》2021 年第 10 期。

术的兴起和智能手机的普遍使用，产生了关于人类行为的海量数据，这就为精细精准把握和研究各类社会群体的行为习惯提供了可能，通过研究人们的行为规律可以提高公共管理活动的有效性，助推公共部门的科学决策。另一方面，新兴数字技术也促使作为社会治理主体之一的政府提升科学管理能力，深化管理体制和管理模式变革。随着网络化、数据化和智能化时代的到来，形成于工业社会的马克斯·韦伯式的科层制显然已经不能完全适应时代发展，政府行政体制逐渐呈现扁平化、分布式、开放性的趋势。运用大数据、云计算、物联网、人工智能等数字技术将助推政府部门的数据化、智能化管理。与此同时，将政府部门的管理数据作为工作人员绩效考核的重要指标，可以提高政府部门的治理效率和科学化管理水平，为超大规模人口的社会治理提供重要的技术条件。

（三）以数字治理化解系统化的社会风险

中国式现代化进程是我国从传统社会向现代社会转型的过程。作为拥有 14 亿多人口的超大规模国家，在快速的城镇化过程中，社会结构发生着重大变化，社会风险由此呈现出人为性、复杂性、关联性、扩散性、放大性和严重性等特点。防范和化解各类重大社会风险作为社会治理的重要任务，必须始终坚持系统治理、依法治理、综合治理和源头治理的思路。大数据、云计算、物联网、人工智能等数字技术的兴起，可以有效化解系统化的社会风险。首先，新兴数字技术有助于实现对社会风险的预防评估。风险意味着不确定性，社会领域的风险由于涉及人数较多、范围较广，如果对其不确定性无法进行整体感知和预防准备，将会造成更多显在和潜在的社会风险。物联网是一种通过将不同传感设备进行信息交换和通信，实现对物品的智能化识别、定位、跟踪、监控和管理的网络，具备整体感知、可靠传输和智能处理三个基本特征。通过安装烟感报警器、智慧监控摄像头、火警感应器等物联网设备可以助力智慧安防、智慧消防等风险前置预测和评估。其次，新兴数字技术有助于实现社会风险的及时处置。例如，在新冠病毒感染疫情防控过程中，依托于数字技术衍生的健康码、防控行程码等疫情防控小程序，有效监测了疫情发展态势，有助于各级政府及时采取措施阻止疫情蔓延。最后，新兴数字技术有助于社会风险的事后优化。现代社会是充满风险的社会，风险发生后的流程优化是人类社会提升抗逆力的重要体现。新兴数字技术作为防控化解社会风险的重要手段，可以及时发现社会风险防控的不足之处，从而不断优化风险防控流程，进而化解系统化的社会风险。

二、以数字治理缩小收入差距、地区差距，助推全体人民共同富裕的现代化

共同富裕是中国特色社会主义的本质要求，也是社会主义现代化的重要目标。当前，以数字技术为核心驱动力，以现代信息网络为重要载体，将数字技术与实体经济深度融合，重构经济社会发展与治理模式的数字经济应运而生。国家互联网信息办公室发布的《数字中国发展报告（2022 年）》显示，2022 年，我国数字经济规模首次突破 50 万亿元[①]，数字经济作为国民经济的重要支柱地位更加凸显，这为高质量推进共同富裕提供了良好的物质基础。此外，运用新兴数字技术进行治理有助于缩小收入差距、地区差距和城乡差距，让更多人享受改革发展的成果，促进全体人民共同富裕的

① 资料来源：https：//www. cac. gov. cn/2023-05/22/c_1686402318492248. htm，2023 年 10 月 10 日访问。

实现。

（一）发挥数字治理缩小收入差距的作用

随着新一轮科学技术革命的兴起，数字社会逐渐形成。在数字社会中，数字化生存成为常态，提高个体的数字素质和数字化生存能力至关重要。运用新兴数字技术有助于提高个体的数字素质，平等赋予个人参与数字经济活动的机会，从而提高个体的就业能力和收入水平。

首先，新兴数字技术具有跨时间、跨空间处理海量数据和即时通信的特征，为人们平等参与数字经济提供了机会，在合法程序审定后，每个人都可以使用自己的移动互联网设备进行经济活动。

其次，通过新兴数字技术可以建立互联网教育平台，通过这一平台，可以充分保证低收入群体平等接受优质职业教育资源的机会，提高低收入群体的受教育水平和生产技术水平，进而提高其就业能力。

最后，针对低保对象、特困人员、低保边缘人口、易返贫致贫人口、因病因灾因意外事故刚性支出较大导致生活出现困难人口这五类低收入群体，运用大数据、云计算、区块链等数字技术可以精准掌握这五类低收入群体的收入水平、人口数量、生活困难需求、就业岗位需求等基本情况，建立低收入群体大数据库，从而有针对性地提供增收性帮扶政策和就业岗位，切实增加低收入群体的收入，缩小不同群体的收入差距。

（二）发挥数字治理缩小地区差距的作用

我国是一个幅员辽阔的发展中大国，由于自然资源禀赋、社会政策环境等的不同，各地区经济社会发展水平存在差异。在推进中国式现代化的进程中，要不断缩小区域之间的发展差距，构建多层次区域联动的发展格局，增强对欠发达地区的支持力度，实现区域间协调发展，高质量推进共同富裕。将大数据、云计算、物联网、人工智能等数字技术运用于区域社会发展中，可有力改善区域发展不协调的问题。

首先，新兴数字技术有助于推动欠发达地区经济结构的转型升级。在数字技术条件下，地理区位等先天的自然因素对于资源配置和经济发展的制约作用已明显下降，凭借良好的数字技术基础设施，欠发达地区也可以发展高附加值的新经济和新业态，促进经济社会的高质量发展。贵州省近些年迅速发展的数字经济就是一个很好的例证。2015 年，贵阳市成立了全国第一个以大数据命名的交易所；2017 年，贵州省成立了全国首个省属大数据发展管理局；贵阳大数据科创城引进企业超 400 家，华为云营业收入增长超过 200%，电子信息制造业增加值增长 45. 9%，软件和信息技术服务业收入增长 90. 5%，数字经济增速连续七年位居全国第一，有力促进了贵州省的经济社会发展。①

其次，通过搭建开放、共享、公平的数字经济平台，有助于促进不同区域间的要素流动与整合，在区域经济社会协同发展过程中增强资源和人才的精准投放，从而缓解区域经济发展过程中的“马太效应”，促进区域经济的协调发展。

最后，运用新兴数字技术可以建立完整准确的数据资料体系，有助于为区域经济协调发展提供重要的政策指导。数据资料的共享是区域协调发展的重要条件，新兴数字技术突破了传统的时空限制，

---

① 张利娟：《贵阳大数据交易所成为贵州“新名片”》，载《中国报道》2016 年第 3 期。

可使各治理主体对区域经济发展的信息掌握得更加全面，从而有助于制定科学务实的发展政策和治理方案。

（三）发挥数字治理缩小城乡差距的作用

中国式现代化如果没有农村的现代化就不是真正的现代化，城乡共富是实现全体人民共同富裕的应有之义。党的二十大报告强调要“坚持农业农村优先发展，坚持城乡融合发展，畅通城乡要素流动”，这就要求建立健全城乡之间的联动和融合机制。

一方面，相较于城市而言，乡村经济社会发展方式较为单一，一定程度上制约了乡村的经济社会发展。但在数字经济兴起的大背景下，平台经济凭借其数字服务与产品复制成本低、边际成本趋于零和非排他性等优势迅速崛起，能够有效提高资源配置效率，助力经济发展方式转变，带来农村生产、流通、消费、分配的多样性。2021年，我国农产品网络零售额达4221亿元，同比增长2.8%。2022年，我国农产品电商零售额达5313.8亿元，同比增长9.2%。[①] 由此可见，数字技术有力地推动了乡村电商经济的发展，为农村社会转型奠定了更强的物质基础。

另一方面，相较于城市而言，乡村社会的优质资源相对较为匮乏，运用数字技术可以促进城乡之间优质公共资源的自由流动与共享，在基础通信、养老、医疗、教育、社会保障、环境卫生等公共服务供给方面发挥重要作用。截至2022年8月，全国义务教育学校联网率已达100%，99.6%的中小学拥有多媒体教室。国家智慧教育公共服务平台上线运行，发布基础教育资源3.4万条，职业教育在

① 孔垂炼：《数字经济“脉动”云岭》，载《时代风采》2022年第6期。

线课程 2.2 万项，给广大农村地区送去了免费优质教育资源。[①] 截至 2022 年 9 月，远程医疗服务平台也已覆盖所有的地市和 90%以上的区县，这体现了数字技术在促进城乡公共资源平等共享方面发挥的重要作用。

三、以数字治理确保优质文化产品精准供给，助推物质文明和精神文明相协调的现代化

中国式现代化是物质文明和精神文明相协调的现代化。当前，我国在物质文明建设方面取得了显著成就，还需在精神文明建设方面以更好地满足人民日益增长的精神文化需求为目标，着力推出更多高质量的文化产品。在数字时代，将新兴数字技术运用在精神文化建设中，可以保证优质文化产品的精准供给。

（一）以数字治理促进中华优秀传统文化领域的革新

传承发展好中华优秀传统文化是推进精神文明建设的重要内容。一方面，新兴数字技术丰富了中华优秀传统文化的载体形式。例如，在中华优秀传统文化中，文化遗产作为不可再生资源，往往容易受到自然环境条件等方面的限制，不易保存，长期以来不便将文化产品进行实物展示，而运用新兴数字技术可以将文化遗产进行高清电子版扫描、人工智能复原等，将实物形态的文化遗产转换为数字化信息进行存储或展示，从而使文化遗产“活起来”。2022 年 12 月 8 日，全球首个基于区块链的数字文化遗产开放共享平台“数字敦煌·开放素材库”正式上线。6500 余份来自敦煌莫高窟等石窟遗址及敦煌藏经洞文献的高清数字资源档案通过素材库向全球开放，有

① 孟晓春：《巧用“国家中小学智慧教育平台”打造高效语文教学》，载《电脑迷》2023 年第 5 期。

效促进了文化资源的安全高效流动。[1] 另一方面，数字化叙事为中华优秀传统文化的演绎呈现了全新的形式，开辟了文化交流的新渠道。伴随着数字时代的到来，运用先进的数字技术手段可将中华优秀传统文化的历史故事进行空间置换，使人们更沉浸式地体验当时的历史情境，从而更深切地感知中华优秀传统文化的魅力。例如，《国家宝藏》节目采用全息影像技术等多种数字技术，对国宝进行了全方位多角度的展示，运用沉浸式的情景舞台形象讲述了国宝背后的历史文化故事，人们通过智能手机、电脑等可以便捷观看，从而增强了中华优秀传统文化的影响力和传播力。

（二）以数字治理保证优质文化产品的精准供给

《“十四五”公共文化服务体系建设规划》提出，要增强公共文化服务的实效性，精准对接人民群众的文化需求。聚焦供需矛盾，推动建立集需求采集、采购、配送、监督管理、反馈互动等于一体的公共文化产品与服务平台。运用新兴数字技术可以根据不同人群的公共文化需求，实现优质文化产品的精准供给。一方面，运用新兴数字技术可以优化文化娱乐空间，尽可能实现在同一空间内满足不同年龄段人群的精神文化产品需求。例如，在扬州市江都区的智慧村部配置有标准悬浮式篮球场和健身活动中心、5G 智慧灯杆等，村民通过这一场地可以跳广场舞、看电视直播、打篮球、查看村庄空气监测指数等，满足了儿童、青少年、中老年人等群体的多种娱乐需求。另一方面，运用数字技术可以建立一体化精神文化产品供需平台。精神文化产品的精准供给来源于对公众精神文化需求的精

---

① 魏鹏举、柴爱新、戴俊骋等：《区块链技术激活数字文化遗产研究》，载《印刷文化（中英文）》2022 年第 1 期。

准掌握，通过在移动互联网设备创建小程序，使公众可以方便快捷地将自己的文化需求反映至一体化平台上，再由平台进行统一分类，由此，政府相关部门可以推出相应的精品文化活动，确保优质文化产品的多元精准供给。

（三）以数字治理助力网络精神文明建设健康发展

随着移动互联网的广泛运用和社会公众自我意识的增强，人们可以随时通过手机上的微信、微博、短视频等途径来表达自己的观点和意见，导致其中不乏一些恶意杜撰、诋毁他人和恶意引导网络舆论的负面言论，甚至形成网络暴力，这就使得网络精神文明建设势在必行。在这一背景下，新兴数字技术可以成为记录网络行为发生和监管网暴行为的重要手段，为创造风清气正的网络风气提供技术支持。一方面，新兴数字技术可以对网暴行为进行全流程的记录。例如，运用大数据技术可以对网暴行为的施暴者进行基础数据信息的准确抓取，并对其点赞、评论和转发等行为进行全过程留痕，实现对网络暴力事件的全流程记录。另一方面，新兴数字技术还可以对网络行为进行实时监管。例如，运用大数据、云计算、移动互联网等技术可以建立网络暴力典型案例样本库，从而建立网络暴力舆情监测体系，构建主动式虚拟网络暴力管理体系和管理模式，将网暴行为处置前置化，从而营造健康有序的互联网环境。

四、构建数字化生态信息平台、建设多元共治的数字生态治理体系，助推人与自然和谐共生的现代化

人与自然和谐共生的现代化是中国式现代化的鲜明特征，体现了我国在对待生态文明建设问题上有别于西方发达国家的本质特征。20 世纪 70 年代以来，西方发达国家在新自由主义的影响下，将追求

最大化经济增长作为国家发展的首要目标，从而产生了生态殖民主义和霸权主义。不同于西方国家，中国在推进现代化的进程中，将人与自然看成是生命共同体，着力促进经济发展与生态文明建设的协调发展。数字化时代，运用新兴数字技术有助于推动构建数字化生态信息平台、建设多元共治的数字生态治理体系，促进人与自然和谐共生的现代化发展。

（一）推动构建数字化生态信息平台

“绿水青山就是金山银山”理念是习近平生态文明思想的重要内容，也是人与自然和谐共生的现代化的生动写照。在推进人与自然和谐共生的现代化进程中，应坚持系统治理的思路，一体化推进生态环境治理。长久以来，在生态环境保护领域面临的一个棘手问题就是难以检测准确的修复位置和修复数据，从而导致生态环境保护和环境治理出现投入大、收效小的结果。但随着新兴数字技术的兴起，这一棘手问题将得到有效改善。数字化企业依托人工智能、移动通信、物联网等基础设施，可以建设生态环境智能感知体系、搭建数字化生态建设信息平台，从而为科学保护、系统治理提供重要的数字化平台支撑。例如，数字技术不仅提高了湖北长江天鹅洲白鱀豚国家级自然保护区巡护员的工作效率，也使保护区多年来积累的保护、监测数据得到了有效利用，使长江江豚保护成功迈入智能化时代。由此可见，数字化生态信息平台的建设在提前精准预判、识别、追踪和解决最新生态环境问题，保证生态环境数据的连续性和完整性方面发挥着重要作用，还为后续的环境保护政策提供了重要的决策依据，助力系统化的生态环境治理。

（二）建设多元共治的数字生态治理体系

我国的自然资源环境要素分布具有较强的空间异质性特征，导致在治理过程中仍存在以行政区划为基础的要素资源多头管理、资源环境领域基础数据分散化等问题，生态系统性和治理碎片化之间的矛盾仍旧存在。随着大数据、云计算、物联网、人工智能等数字技术的兴起，治理碎片化的问题将得到有效解决。一方面，新兴数字技术有助于建立多元主体共同治理环境问题的平台。大数据具备高效处理海量、多元化数据信息的优势，云计算具备在数分钟内调配海量数据资源的优势，区块链具有保证数据安全的优势等，这些数字技术有助于将多个职能部门、不同行政区域、多元利益主体之间的环境污染评估数据、自然资源基础数据、多元主体基本信息等数据进行开放与共享，从而打造扁平化的环境治理平台，促进环境治理的高效解决。另一方面，新兴数字技术为公众积极参与环境治理提供了重要的技术支持。生态环境治理离不开公众的积极参与，随着数字技术的兴起，微博、微信等移动客户端的广泛运用，为公众与职能部门之间搭建了便捷的沟通渠道。例如，“蔚蓝地图”公益项目就是一个很好的案例。在“蔚蓝地图”App上，公众可以随时获取所在城市的气温、空气质量指数、水源质量监控、生活服务指数等关键的环境信息，以及官方发布的污染源排放实时监测数据，轻松识别身边的“排污大户”。同时，公众可以将身边的污染现象与监测数据通过“蔚蓝地图”App将污染信息转发到微博、微信朋友圈等新媒体平台上，对污染企业和相关职能部门形成整改压力，从而构建多元共治的数字生态治理体系。①

（三）以数字治理推动智慧园区建设

2020年，我国明确提出2030年前实现碳达峰、2060年前实现

---

① 凌宁：《“污染地图”升级“蔚蓝地图”》，载《绿叶》2015年第5期。

碳中和的目标。党的二十大报告也将“广泛形成绿色生产生活方式，碳排放达峰后稳中有降，生态环境根本好转，美丽中国目标基本实现”作为2035年我国发展的总体目标之一。在我国，各类产业园区是经济社会发展的重要力量，同样也是能源消耗大户，伴随着新一轮科学技术革命的兴起，智慧园区的建设可以助力我国相关产业向绿色低碳转型发展。一方面，新兴数字技术有助于园区基础设施的低碳化。运用数字技术能够帮助园区在安防、消防等领域实现数字化监管与检测，实现配电、热力与楼宇设备的低碳化与数字化，可以对建筑顶层、墙壁、空调通风、集中供暖等进行系统化节能改造。另一方面，新兴数字技术有助于实现智慧园区的能源合理利用，实现舒适性与安全性、资产与能源效率的有机统一。

五、以数字治理构建数字命运共同体，助推走和平发展道路的现代化

当前，国际形势风云变幻，地缘冲突加剧，传统安全与非传统安全相互交织，全球治理体系面临的不确定性和不稳定性因素更为凸显，给全球治理体系带来重大考验。新一轮数字技术的浪潮与构建人类命运共同体相互交织，将新兴数字技术运用于全球治理体系中，构建数字命运共同体是必然趋势，有助于推动全球经济共享发展、各国文明交流互鉴和国际安全协作，从而促进走和平发展道路的现代化。

（一）以数字治理推动全球经济共享发展

当前，随着经济全球化的深入推进，一国经济产业供应链与国际经济产业供应链之间的相互影响越来越大。新一轮科学技术革命的兴起使得数字要素成为重组世界经济要素、推动全球经济产业格

局变革和全球经济科技创新的重要因素，并将进一步推动全球经济共享发展。纵观经济全球化的历史，第一次世界大战之前，西方发达国家通过殖民掠夺、野蛮占领第三世界国家生产资料等方式使世界各国都卷入了全球经济与生产体系中，其利用第三世界国家与本国生产力水平的差距、不对等使用科学技术的程度等因素人为制造了经济全球共同体的“时间差”和“空间差”，经济全球化进程在起始阶段呈现国家和地区之间发展不平衡的状况。但是，以大数据、云计算、物联网、人工智能等为标志的新一轮科学技术革命的兴起，可以为更多国家和地区共享数字经济带来普惠空间，提高经济全球化的共享性。新兴数字技术的平等性将有助于推进全球产业数字化、数字产业化转型，稳定国际产业链、供应链，畅通国际大循环，助推各国经济全球化发展，从而促进全球经济更加均衡、普惠、充分地发展。

（二）以数字治理推动各国文明交流互鉴

多样性是世界的基本特征，也是人类文明的魅力所在。要弘扬和平、发展、公平、正义、民主、自由的全人类共同价值，倡导不同文明交流互鉴，促进人类文明发展。新兴数字技术融入全球治理有助于推动各国文明间的交流互鉴。随着数字时代的到来，新兴数字技术成为人类打破国界限制、进行文明间交流互通的新形式，为各国了解不同文明间的差异性提供了重要的技术条件。例如，“阿木爷爷”在海外社交媒体的走红，“云游中国”等一系列体现中华优秀传统文化和工匠精神的高质量文化作品逐渐走出国门，并在世界范围内产生影响力，为各国了解中华文明提供了重要渠道。

（三）以数字治理推动国际社会安全协作

新一轮科学技术革命的兴起，打破了传统国家意义上的地理边界，创造出与传统国家政治空间并行的数字空间。当今世界，互联网已经成为世界各国联系沟通的重要方式，万物互联的时代已经到来，但是万物互联也在一定程度上造成了全球性的风险互联，这使得各个国家的国家安全更加依赖于各国之间的合作。数字时代的到来，使得数据成为重要的资源，相较于其他生产要素，数据要素更易进行跨境流动，因此，电信跨境诈骗、跨境犯罪、网络黑客跨境攻击等行为也日益增多，这使得国与国间的安全协作就显得尤为重要。充分利用区块链等新兴数字技术有助于加强各国和地区间在环境污染、违法犯罪、腐败治理等共同安全领域内的数据共享与交流，促进国际安全领域协作，从而推动构建和平安全的国际环境。习近平总书记在中央全面深化改革委员会第二十五次会议上强调，“要全面贯彻网络强国战略，把数字技术广泛应用于政府管理服务，推动政府数字化、智能化运行，为推进国家治理体系和治理能力现代化提供有力支撑”。当前，将大数据、云计算、物联网、人工智能、移动互联网等新兴数字技术应用在治理过程中已成为重要共识。一方面，数字治理重塑了原有的治理样态，使治理实践呈现出线下治理和线上治理的双向协同治理，有助于提高国家治理体系和治理能力的现代化水平。另一方面，数字技术对于治理过程中的经济、政治、文化、社会、生态文明等不同领域都有重要的推动作用，通过数字治理可以极大地助推中国式现代化的发展。今后，数字治理仍需在数据隐私安全、线上和线下治理协同、数据的敏捷运用等方面不断完善，从而更好地发挥数字技术助推国家治理和社会治理的重要作用，进而助力中国式现代化的高质量发展。

第三节　中国式现代化推动数字社会治理模式的迭代升级

一、数字蝶变催生数字文明新样态

历史是观照现实的一面镜子。数据产生、处理、存储及在国家治理中的应用可追溯到人类历史发展的各个时期。烽火狼烟、衡石量书、编户齐民、黄册制度等与数据治国息息相关的古代国家治理措施进一步验证了数据和数字化思维在国家治理层面早已形成。随着历史的更迭演化，人类社会在经历农业文明、工业文明后快速迈入数字文明新阶段。《中共中央关于坚持和完善中国特色社会主义制度 推进国家治理体系和治理能力现代化若干重大问题的决定》提出，“健全劳动、资本、土地、知识、技术、管理、数据等生产要素由市场评价贡献、按贡献决定报酬的机制”，首次将“数据”明确作为生产要素，意味着数据要素逐渐演化成为继土地、劳动、资本、技术后的第五种生产要素，在中国式现代化建设中不可或缺。立足当下，数据要素既是基础性资源和战略性资源，更扮演起数据生产力的多重角色。从技术革命和产业革命视角审视，四次工业革命分别实现了“机械化”“电气化”“信息化”“数字化”四个极具时代气息的发展使命。而正如克劳斯·施瓦布（Klaus Schwab）在《第四次工业革命》一书中所言，第四次工业革命无疑将产生极其广泛而深远的影响，其对人类社会的冲击、颠覆、重塑，是先前三次工业革命远远不能企及的。[1] 可以说，第四次工业革命进一步佐证了生

---

① 〔德〕克劳斯·施瓦布：《第四次工业革命：转型的力量》，中信出版社 2016 年版。

产的变化和发展始终是从生产力的变化和发展开始的。需要进一步指出的是，伴随着第四次工业革命而来的数字时代，不仅改变了人类的经济发展和社会运行态势，也改变着国家的政治制度、文化形态和生态文明，进而深刻影响着国家治理体系的形塑和治理能力的提升。基于此，推动数字化转型、加快建设数字中国是主动顺应信息技术革命和产业革命发展潮流的客观要求，回应了新时期数字化场域要围绕党和国家事业全局主动适应推动经济社会发展、管理社会事务、服务人民群众的重大职责等方面发生的新变化。由此观之，可以说数字中国建设是符合历史发展潮流的科学判断。

二、数字文明驱动“五位一体”数字化转型新境界

2023 年中共中央、国务院印发的《数字中国建设整体布局规划》指出，数字中国建设的发展目标、任务部署要服务于以中国式现代化全面推进中华民族伟大复兴的中心任务，全面支撑中国式现代化建设。换言之，《数字中国建设整体布局规划》提出的“2522”总体架构是在中国式现代化体系框架之下的，符合中国式现代化的战略目标、本质要求，并能为中国式现代化提供源源不竭的蓬勃“数”能。数字中国“2522”总体架构有利于助推中国高质量发展。其中，数字经济、数字政务、数字社会、数字文化、数字生态保护是“2522”总体架构的“牛鼻子”，亦是我国经济、政治、社会、文化、生态保护“五位一体”战略部署在数字世界中的孪生。其一，相比于国外在平台政府、平台经济等单场域的诸种数字化转型形态，数字中国建设以其全面的统筹力、强大的感召力和深刻的影响力成功“圈粉”，这不仅驱动我们重新思考数字中国建设，驱动中国式现代化的历史性和主体性，同时也让我们就“数字时代已然到来”这

一命题达成了广泛共识。[①] 其二，该总体架构体现了极强的继承性。继承性是事物发展过程中存在的先后关系，这一一般性规律于数字中国亦然。

“十四五”规划科学擘画了数字中国涵盖的数字经济、数字社会、数字政府和数字生态四根“支柱”，之后，国务院先后印发《“十四五”数字经济发展规划》《关于加强数字政府建设的指导意见》，对数字中国建设的有关方面作出继承性展开和部署。不难看出，此种前后衔接的发展模式既为“五位一体”全场域数字化转型作了充足的铺垫，亦夯实了开辟“五位一体”数字化转型新境界的坚实“基座”。进一步从空间交汇的视角审视，数字中国战略与中国式现代化这一宏大命题不期而遇，无疑给后者带来了历史机遇窗口期。不妨以数字经济为例加以剖析。2013 年，全球市值最高的 10 家公司有 7 家来自传统产业，3 家为数字经济产业，目前恰好相反。2002 年，中国数字经济规模为 1. 2 万亿元，占 GDP 比重为 10. 3%，2022 年上述数据已分别达到 50. 2 万亿元和 41. 5%。[②] 不难看出，作为数字中国“2522”总体架构一分子的数字经济已然拥有非常强劲的爆发力，“五位一体”战略部署在数字世界中的全场域、立体化、多层次铺展的牵引作用可想而知。

三、中国式现代化数字社会治理模式的迭代升级

在 21 世纪数字化的时代背景下，数字社会治理模式已经成为现代化治理的必然趋势。中国以其独特的历史、文化和制度优势，在

---

① 翟云、程主、何哲等：《统筹推进数字中国建设 全面引领数智新时代——〈数字中国建设整体布局规划〉笔谈》，载《电子政务》2023 年第 6 期。

② 《数字中国发展报告（2022 年）》，https：//www. cac. gov. cn/2023-05/22/c _ 1686402318492248. htm，2023 年 9 月 15 日访问。

数字社会治理方面的探索和实践也日益深入。下面将从行业专业的角度出发，详细阐述中国式现代化数字社会治理模式的迭代升级。

（一）数据驱动型数字社会治理模式

随着物联网、云计算、人工智能等新一代信息技术的不断发展，以数据为核心的数字社会治理模式逐渐成为主流。中国在数字社会治理中的探索与实践也逐步转向以数据为基础的治理模式。例如，中国政府提出了“数字中国”战略，明确了数据是数字中国的核心资源，并提出了“数据驱动、数据协同、数据共享”的治理模式，通过开放数据资源、加强数据安全保护等措施，构建了数字社会治理的新生态。

（二）智能化数字社会治理模式

在数字化时代，如何更加高效地管理和应对各类社会问题成为社会治理的重要课题。智能化数字社会治理模式，即依托物联网、云计算、人工智能等技术手段，实现社会治理信息化、智能化、自动化的过程，可以有效提高治理效率。中国政府通过大力发展人工智能技术，加强数字化基础设施建设，推动智慧城市建设等措施，不断完善数字社会治理模式，为构建和谐稳定的社会生态环境提供有力支撑。

（三）参与式数字社会治理模式

参与式治理，是指政府主导、社会各方参与的治理模式。在数字社会治理中，参与式治理模式也日益受到重视。中国政府提出了“网上群众工作部”，推动网民参与社会治理，促进民主决策。此外，在数字社会治理中，民间组织、企业等也扮演着重要的角色，促进社会治理的共治共建。

（四）全过程数字社会治理模式

全过程数字社会治理模式，强调社会治理的全方位、全过程化，通过信息化手段将社会治理各环节有机地连接起来，实现社会治理的全程可视化、可追溯化、可控制化。中国政府在数字社会治理中，通过社会信用体系建设、大数据监管等手段，加强社会治理的全过程管理，提高社会治理效能。

（五）其他策略

1. 扩大应用场景

随着中国数字社会治理建设不断发展和升级，数字技术在社会治理中的应用场景也越来越广泛。在政府、企业、社会组织等各个领域，数字技术已成为推动数字社会治理的重要工具和手段。下面将详细说明数字技术在不同行业中的应用场景，包括政府、金融、医疗、教育等领域。

首先，政府是数字社会治理的重要主体之一。数字技术在政府的应用场景主要包括智慧城市建设、公共服务、安全监管等方面。其中，智慧城市建设是数字技术在政府应用场景中的重要应用之一。智慧城市建设可通过数字技术实现公共交通、智慧交通、环境监测、城市安全监管、智慧医疗、智慧教育等方面的智能化升级。此外，在公共服务方面，政府可通过数字技术提高公共服务的效率和质量，包括智慧社区、智慧政务等方面的应用。在安全监管方面，政府也可利用数字技术实现城市安全监控、灾害预警等方面的信息化建设。

其次，金融是数字技术应用的重要领域。数字技术在金融领域的应用场景主要包括金融科技、金融风险管理、数据分析等。在金融科技方面，数字技术可应用于在线支付、移动支付、虚拟货币等方面的建设。在金融风险管理方面，数字技术可应用于风险管理、信用评估等方面的信息化建设。在数据分析方面，数字技术可应用于分析金融市场的趋势和风险，为金融业提供决策支持。

再次，医疗是数字技术应用的另一重要领域。数字技术在医疗领域的应用场景主要包括电子健康档案、移动医疗、远程医疗等方面。在电子健康档案方面，数字技术可应用于个人健康信息的收集和管理。在移动医疗方面，数字技术可应用于在线预约、在线咨询、在线诊断等方面的建设。在远程医疗方面，数字技术可应用于远程医疗会诊、远程医学教育等方面的信息化建设。

最后，教育是数字技术应用的另一重要领域。数字技术在教育领域的应用场景主要包括在线教育、智慧教育、虚拟仿真等方面。在在线教育方面，数字技术可应用于网络课程、在线教育资源、在线测试等方面的建设。在智慧教育方面，数字技术可应用于智慧校园、智慧教学等方面的信息化建设。在虚拟仿真方面，数字技术可应用于虚拟实验室、虚拟校园等方面的建设。

综上所述，数字技术在各个行业的应用场景越来越广泛，数字技术的推广和应用已成为各个行业追求现代化的必由之路。在数字化时代，推动数字社会治理模式的迭代升级需要加强数字技术应用场景的扩大和创新，不断提升数字技术在各行业领域中的价值和作用。

2. 强化数据安全保障

数字社会治理的推进需要强化数据安全保障，保护数据信息的安全和隐私不受侵害，保持数据完整性与真实性，防止数据被非法使用、滥用和泄露，这是数字社会发展的重要保障。从技术层面看，数据安全保障需要注重以下几点：首先，完善数据管理体系。建立完善的数据管理制度，明确责任与义务。对数据的采集、存储、处理、使用等过程实行全程监控，加强对数据的分类管理、出入库管理、审批管理等，确保数据的安全、可靠和合规。其次，加强数据加密保护。通过加密算法加密数据，提高数据的安全性和可信度。同时加强数据备份和恢复体系建设，确保数据的完整性和可靠性。再次，强化网络安全防护。建立健全的网络安全体系，对网络传输的数据进行安全加密，可以保证数据在传输过程中的安全性。加强网络拦截和防恶意攻击的技术手段，提高网络安全防护的能力。最后，加强数据审查与监控。通过对数据采集与使用进行严格的审查与监控，及时发现和解决问题，有效防止数据被滥用和泄露。

总之，数字社会治理需要强化数据安全保障，这需要各行各业都意识到数据安全保障的重要性，积极采取安全保障措施，确保数字社会的稳定、有序发展。

3. 推动产业的发展

随着数字社会的快速发展，数字化技术在各个领域都得到了广泛应用，数字治理也成为当今社会的热门话题。数字治理需要各个行业的积极参与，其中产业的发展尤为重要。产业的发展对数字社会治理模式的推动起着至关重要的作用。产业作为社会经济的基础，其发展水平的高低直接关系到数字治理的效果。产业的发展可以通过推进数字化技术的创新和应用来实现。数字技术的不断创新和应用，将会推动新兴产业的发展和优化传统产业结构，促进数字社会的良性发展。数字技术的应用最为广泛的领域之一是智能制造。智能制造是数字化技术和信息技术在制造业中的应用，是推进制造业创新和转型升级的重要手段。智能制造依托于智能化设备，通过数据采集、分析、处理和应用，实现生产全过程数字化、自动化、智能化，提高生产效率和产品质量，降低生产成本。智能制造对于数字治理模式的推动具有重要的意义。

数字技术还可以助力传统产业的转型升级。数字技术的应用可以为传统产业赋能，推动传统产业的数字化、智能化，实现产业转型升级。例如，数字化的仓储管理可以提高物流效率，智能化的装备可以提高生产效率，数字化的营销手段可以提高销售额等。

综上所述，推动产业的发展对数字社会治理模式的迭代升级具有非常重要的作用。数字化技术和信息化手段可以为产业赋能，推动产业的转型升级和数字化、智能化发展。数字技术还可以为各个领域的社会治理提供有效支持和优化方案。只有不断地推进数字化技术的应用和产业的发展，才能够真正实现数字社会治理模式的迭代升级。

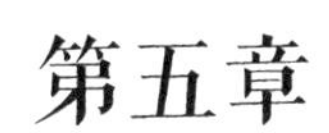

第五章

数字赋能社会治理现代化的创新实践

第一节　数字赋能治理理念，构建社会治理新格局

一、数字赋能治理理念的内涵与实践

（一）数字赋能的概念与特征

数字赋能是近年来出现的一个新概念，它是指利用数字化技术，将信息化与物联网技术融合，构建数字化平台，为各个行业提供智能化的技术支持，以实现生产、管理、服务和决策等方面的升级和改进。数字赋能对于传统行业的转型升级具有重要意义。通过数字赋能，可以改变传统行业的生产模式和经营方式，提高生产效率和管理水平，实现行业的转型升级和创新发展。数字赋能的特点主要体现在以下几个方面：

一是智能化。数字赋能利用物联网技术和大数据技术，构建智能化的平台，通过数据的收集、分析、处理和挖掘，为企业提供智能化的支持和服务，实现业务的优化和升级。二是协同性。数字赋能通过数字化平台，实现了各部门、各企业和各个环节之间的信息共享和协同，提高了企业的决策效率和整体竞争力。三是个性化。

数字赋能通过大数据技术和人工智能技术，为企业提供了更加个性化的服务和支持，以满足企业的不同需求和特点。四是可持续性。数字赋能通过数字化平台的建设和智能化的支持，提高了企业的资源利用效率和环保水平，实现了可持续发展的目标。

（二）数字赋能的治理理念与实践

数字赋能的核心理念是利用数字化技术，构建智能化的平台，为传统行业提供智能化的支持和服务，以实现行业的转型升级和创新发展。数字赋能的治理理念主要包括以下几个方面：一是数据驱动。数字赋能通过数据的收集、分析、处理和挖掘，为企业提供智能化的支持和服务，实现业务的优化和升级。数据驱动的治理理念可以帮助企业实现快速决策和精准管理，提高效率和效益。二是智能化决策。数字赋能通过数字化平台和智能化技术，为企业提供更加科学、准确和可靠的决策支持和建议，实现自动化决策和精准化管理。三是全面协同。数字赋能通过数字化平台，实现了各部门、各企业和各个环节之间的信息共享和协同，提高了企业的决策效率和整体竞争力。全面协同的治理理念可以帮助企业实现资源共享和协同发展。四是个性化服务。数字赋能通过大数据技术和人工智能技术，为企业提供了更加个性化的服务和支持，以满足企业的不同需求和特点。个性化服务的治理理念可以帮助企业提高客户满意度和市场竞争力。

数字赋能的实践主要包括以下几个方面：一是构建数字化平台。数字赋能需要借助数字化平台，将传统的业务、流程和服务转化为数字化的形式，实现数字化升级和转型发展。二是优化业务流程。数字赋能通过智能化技术和数据分析技术，优化业务流程，提高生产效率和管理水平，实现业务的升级和改进。三是提高管理水平。

数字赋能通过数字化平台和智能化技术，提高管理决策水平和能力，实现自动化决策和精准化管理。四是创新发展。数字赋能可以帮助企业实现创新发展，借助数字化技术和智能化支持，实现业务的创新和新兴产业的发展。

（三）数字赋能的优势与挑战

数字赋能的优势主要体现在以下几个方面：一是提高生产效率和效益。数字赋能通过数字化平台和智能化技术，优化业务流程，提高生产效率和管理水平，实现效率和效益的提升。二是提高产品质量和服务水平。数字赋能通过数据分析技术和智能化技术，提高产品和服务的质量和水平，提高客户满意度和市场竞争力。三是提高决策水平和能力。数字赋能通过数字化平台和智能化技术，提高管理决策水平和能力，实现自动化决策和精准化管理。四是促进行业升级和创新发展。数字赋能可以帮助传统行业实现转型升级和创新发展，推动行业的可持续发展。

数字赋能的挑战主要体现在以下几个方面：一是技术壁垒。数字赋能需要借助物联网技术、大数据技术和人工智能技术等高新技术，对于一些传统企业来说，技术壁垒会成为数字赋能发展的瓶颈。二是安全风险。数字赋能需要处理大量的敏感数据和信息，面临着数据泄露、网络攻击等安全风险。三是人才缺乏。数字赋能需要具有一定的技术和管理能力的人才支持，但是目前相关人才相对不足，成为数字赋能发展的制约因素。四是成本问题。数字赋能需要进行大规模的数字化转型和建设，成本较高，对于一些中小企业来说，数字赋能的成本可能过高，难以承受。

综上所述，数字赋能是以数字化技术为基础的治理新理念，具有智能化、协同性、个性化和可持续性等特点。数字赋能的实践需要构建数字化平台、优化业务流程、提高管理水平和推动创新发展。数字赋能的优势在于提高效率和效益、提高质量和服务水平、提高决策水平和能力以及促进行业升级和创新发展。数字赋能的挑战在于技术壁垒、安全风险、人才缺乏和成本问题等方面。为了克服这些挑战，需要不断创新和发展，以实现数字赋能的可持续发展。

二、构建数字赋能社会治理新格局

随着数字技术的发展，数据已经成为社会治理的重要资源。数据资源共享与融合、数据技术支撑与创新、数据治理体系建设与完善是构建数字赋能社会治理新格局的三个重要方面。

（一）数据资源共享与融合

数据资源共享与融合是数字赋能社会治理的重要基础。数据资源共享是指将各个部门、企业之间的数据资源进行整合，形成一个共享的数据资源池，以此来提升数据的使用效率和治理能力。数据融合是指将多个数据源进行整合，形成一个更加完整的数据图像，从而提高数据的准确性、全面性和时效性。这两者的结合可以更好地支撑社会治理的发展。

其一，数据共享可以实现信息资源的跨部门、跨企业共享。对于政府机构和企业而言，数据共享可以得到更加全面和真实的信息，从而更好地指导政策制定和业务决策。其二，数据融合可以更好地理解社会现象的本质，提高社会治理的科学性和准确性。例如，交通、环保、教育等领域的数据融合可以为城市规划、环境保护和教育发展提供更加全面、精准的支撑。

（二）数据技术支撑与创新

数据技术支撑与创新是数字赋能社会治理的基础保障。数据技术包括数据采集、存储、处理、分析和呈现等多个环节。其一，数据技术的不断发展和创新，为社会治理提供更加丰富和高效的支撑和服务。其二，数据技术的创新可以拓展社会治理的思路和手段。例如，人工智能、大数据等先进技术的应用可以提高社会治理的智能化水平，从而更好地应对各种问题和挑战。其三，数据技术创新也可以为社会治理提供更加开放、有效、透明的渠道和方式，促进公众参与和民主决策。

（三）数据治理体系建设与完善

数据治理体系建设与完善是数字赋能社会治理的重要保障。数据治理是指通过规范、管理和运营等手段，保障数据的质量、可靠性和安全性，充分发挥数据在社会治理中的作用。

其一，数据治理可以规范数据的使用和管理，保障数据的有效性和合法性。例如，政府机构和企业应建立严格的数据管理制度，确保数据的安全性和保密性。其二，数据治理可以促进数据标准化和规范化，提高数据的互通性和可共享性。数据标准的制定可以使各类数据之间具有一致性，从而促进数据共享和融合的实现。

总之，数据资源共享与融合、数据技术支撑与创新、数据治理体系建设与完善是构建数字赋能社会治理新格局的三个关键。只有通过全面深入地开展这些方面的工作，才能更好地推进数字赋能社会治理的实践和探索。

三、数字赋能治理理念的应用与发展

随着信息技术的飞速发展和数字化的普及，数字赋能治理理念已成为推动我国社会治理现代化的必然趋势。数字赋能治理是指运用数字技术与信息技术，构建信息共享和协同的社会治理体系，以实现治理能力的提升、治理效率的提高和治理质量的优化。在政府治理、社会治理和公共服务等领域中，数字赋能治理理念的应用已经越来越广泛。

（一）政府治理数字化升级

政府作为社会治理的主体，其治理能力的强弱直接关系到社会治理的效率和质量。数字赋能治理理念在政府治理中的应用，主要表现在以下几个方面：

1. “互联网+政务服务”模式的推广

通过发展“互联网+政务服务”模式，政府能够实现政务服务的数字化、网络化和智能化，大大提高政务服务的效率和质量。例如，多地政府推出的“一网通办”平台，为企业和个人提供了便捷的政务服务，缩短了政务办理时间，减少了办事流程，提高了政务服务的满意度。

2. 数字政府建设

数字政府建设是指通过完善信息化设施、优化管理流程和提高管理水平，实现政府数字化转型和政府治理现代化。数字政府建设不仅可以提高政府运作效率，还可以促进政府决策的科学性和精准性。

3. 大数据应用

政府可以通过大数据技术，对社会经济数据等基础数据进行分析和挖掘，以实现数据驱动的政策制定和决策支持。例如，北京市政府利用大数据技术，对企业经济情况和市场供求等数据进行分析，制定了一系列的经济政策，推动了北京市经济的持续发展和优化升级。

（二）社会治理数字化升级

数字赋能治理在社会治理中的应用，主要表现在以下几个方面：

1. 数字化社会治理体系的建设

数字化社会治理体系包括政府、企业、社会组织和公民四位一体的治理体系，并通过信息技术、大数据和人工智能等手段，构建起以信息化为基础的社会治理模式，为公众提供智能化和人性化的社会治理服务。例如，深圳市通过建设“数字城管”平台，为市民提供了便捷的市政服务。

2. 数字社区建设

数字社区建设是指利用数字化技术，加强社区信息化建设和社交媒体应用，提高社区管理可视化和智能化。数字社区建设可以让社区管理更加高效和透明，也可以让居民更加方便快捷地获取社区信息和服务。例如，杭州市建设了数字社区管理平台，实现了智能化的社区管理。

3. 数字化公共安全管理

数字化公共安全管理是指通过物联网、大数据、人工智能等技术，实现公共安全管理的智能化和科学化。数字化公共安全管理可以提高公共安全的预警和应急响应能力，保障公众的人身财产安全。例如，北京市在全市范围内建设了智能交通监控系统，大大提高了城市的安全性。

（三）公共服务数字化升级

数字赋能治理在公共服务领域中的应用，主要表现在以下几个方面：

1. “互联网+公共服务”模式的推广

通过“互联网+公共服务”模式，公共服务可以实现数字化、网络化和智能化，提高服务的效率和质量。例如，教育、医疗和公共交通等领域，通过数字技术的应用，可以实现公共服务的信息共享和协同，提供更加便捷和高效的服务。

2. 数字化公共服务平台的建设

数字化公共服务平台是指以数字化技术为基础，集成公共服务资源，提供便捷高效的公共服务平台。数字化公共服务平台可以让公众以更加便捷和高效的方式获取公共服务。例如，国家医疗保障局建设的国家医保服务平台，为参保人提供了便利的医保服务和信息查询渠道。

3. 数字化金融服务的应用

通过互联网金融和移动支付等数字化金融服务，可以为公众提供更加便捷、快速和安全的金融服务。数字化金融服务可以提高金融服务的覆盖面和质量，降低金融服务的成本，让公众更加便捷地享受金融服务。例如，支付宝和微信支付等数字化支付方式，已经成为人们日常生活中不可或缺的一部分。

总之，数字赋能治理理念在政府治理、社会治理和公共服务等领域中的应用十分广泛，目前正在快速冲破传统治理模式的局限，加快我国社会治理现代化的步伐。随着技术的不断进步和应用的不断深入，数字赋能治理理念将会为我国社会治理现代化带来更加深远的影响。

四、数字赋能治理理念应用的效果与影响

随着数字化时代的到来，数字赋能治理理念成为社会治理的新

趋势，其应用不仅提高了政府治理能力，也提升了社会治理效率，提高了公共服务质量。

（一）优化政府治理能力

数字赋能治理理念的应用，可以帮助政府更好地发挥自身的治理能力。数字技术的广泛应用，可以帮助政府实现更加精准的数据分析和决策，从而有效地解决社会问题。例如，数字技术可以帮助政府更好地了解社会民意，从而制定更为贴近民生的政策，提高政府的民生服务能力。此外，数字化的政务服务平台可以帮助政府更好地管理和协调资源，提高政府决策的科学性和精准性。数字化技术还可以帮助政府与企业、社会组织等建立更加紧密的合作关系，形成多元治理格局，推动社会治理的现代化。

（二）提升社会治理效率

数字赋能治理理念的应用，可以有效提升社会治理效率。数字化技术的广泛应用，可以帮助政府和社会组织更好地监督和管理社会行为，提高社会管理的效率和准确性。例如，数字化技术可以对社会治安、交通管理等方面进行全面监控和分析，及时发现和解决问题，提高社会治理的效率和效果。另外，数字赋能治理理念也可以促进信息共享，加强各方合作，优化社会治理的协作机制，从而提高社会治理的效率。

（三）提高公共服务质量

数字赋能治理理念的应用，可以提高公共服务的质量。数字化技术的广泛应用，可以提高公共服务的可及性和精准度，从而优化公共服务的质量和满意度。例如，数字化技术可以推动医疗卫生领域的智能化建设，提高医疗服务的精准性和效率。数字赋能治理理念也可以推动教育领域的数字化建设，提高教育质量和效率。数字赋能治理理念还可以推动社会福利领域的数字化建设，提高社会福利服务的可及性和覆盖范围。

综上所述，数字赋能治理理念的应用，对于优化政府治理能力、提升社会治理效率、提高公共服务质量具有积极的影响和效果。随着数字化技术的不断发展和应用，数字赋能治理理念的应用将有望为社会治理带来更多的创新与变革。[①]

五、数字赋能治理理念的不足与展望

数字赋能治理理念的提出和实践，旨在给社会治理带来新的思路和方法，帮助政府和社会更好地应对治理挑战。然而，数字赋能治理理念仍存在一些不足和不确定性，需要进一步探讨和完善。

（一）数字赋能治理理念的不足与不确定性

1. 技术与人性之间的平衡

数字赋能治理理念所依赖的技术和数据极大地增加了治理的效率和精度，但这并不完全代表数字赋能治理是一种完美的治理方式。由于技术的发展速度比人类的思考和决策速度更快，数字赋能治理很容易陷入技术至上的泥潭。例如，在人工智能领域，曾经有一些由技术失控引起失误的案例。因此，数字赋能治理理念需要更多地考虑人性，平衡技术与人性之间的关系，使数字赋能治理真正成为一种符合人性需求的治理方式。

2. 数据安全和隐私问题

数字赋能治理理念所依赖的数据和信息极大地增加了治理的精

---

① 郝慧娟、张晓芬、戎静怡：《数字赋能基层治理体系建设研究》，载《乡村科技》2023 年第 15 期。

度和效率，但同时也带来了数据安全和隐私问题。特别是在大数据时代，数据隐私和保护问题越来越受到关注。政府和企业需要加强数据安全的保护和管理，为公民的信息安全提供有效的保障。

3. 社会公平和普惠性问题

数字赋能治理理念所依赖的技术和数据不同程度地依赖人们的数字素养和数字技能，而数字鸿沟使得数字赋能治理理念无法普及所有人。数字赋能治理理念应该更多地考虑社会公平和普惠性问题，避免因技术和数字鸿沟所带来的社会不平等。

4. 管理能力和体制机制问题

数字赋能治理理念需要政府的创新和开放，需要企业的技术和资源支持，还需要社会组织和公众的参与和监督。数字赋能治理理念需要基于开放和协同的新型治理能力和体制机制，而现有的治理能力和体制机制还需要进一步完善和优化。

（二）未来数字赋能治理理念的发展趋势

1. 数据共享和开放平台建设

未来数字赋能治理理念将更加注重数据共享和开放平台建设，通过数据开放和共享，实现政府、企业和公众之间的信息互通和智慧合作。同时，数字赋能治理需要建立更加完善的隐私保护机制，保护公民的个人信息安全。

2. 智能技术和算法优化

未来数字赋能治理理念将更加注重智能技术和算法优化，通过人工智能、大数据等技术手段，实现治理决策的智能化和个性化，提高治理效率和精度。同时，数字赋能治理需要建立更加完善的数据安全和隐私保护机制，保证技术和数据的正确性和可靠性。

3. 多元化的治理主体和参与方式

未来数字赋能治理理念将更加注重多元化的治理主体和参与方式，通过政府、企业、社会组织和公众的协同合作，实现治理效果的最大化和社会治理的民主化。数字赋能治理需要建立更加开放和协同的治理能力和体制机制，提高治理的响应速度和适应性。

总之，数字赋能治理理念是一种前沿的治理思路和方法，有着广泛的应用前景和重要的实践意义。然而，在数字赋能治理理念的实践过程中，我们需要关注其中存在的不足和不确定性，加强实践中应对风险和问题的能力和机制，实现数字赋能治理理念的最优化和社会治理的现代化。

第二节　数字赋能治理技术，助力社会治理提速增效

一、数字赋能治理技术在社会治理中的应用

（一）数字赋能治理技术在公共安全领域的应用①

在公共安全领域，数字赋能治理技术主要应用于以下几个方面：（1）可视化监控。基于物联网技术，实现对公共场所、居民小区、街道社区等地方的视频监控，与人工智能相结合，可以实现智能报警、事件实时分析等功能，能够帮助公安部门及时发现和处理各类安全隐患。（2）信息化预警。利用大数据和人工智能技术，对民众安全信息进行收集、整合和分析，构建安全风险评估模型，实现快速预警和处理，能够有效避免安全事件的发生。（3）移动警务。利

① 冯旭：《总体国家安全观视域下城市数据安全治理研究》，兰州大学2023年博士学位论文。

用移动终端与云计算技术，实现流动警务系统，为警察提供便捷的信息化工具，包括移动执法记录仪、移动办公系统、数字化领导指挥系统等，实现快速反应和决策。（4）智慧城市建设。利用物联网技术和大数据分析，构建智慧城市平台，实现城市公共安全智能化管理，包括路灯智能控制、交通状况实时监测、事件处理智能化等功能，有效提高城市公共安全治理水平。

（二）数字赋能治理技术在交通管理领域的应用

在交通管理领域，数字赋能治理技术主要应用于以下几个方面：（1）智能交通。利用物联网技术、大数据分析和人工智能技术，建立智能交通系统，运用车辆智能导航、智能交通信号控制、智能停车管理等功能，对交通拥堵、交通事故等交通问题进行治理。（2）电子警察。利用数字技术对道路违法行为进行实时监测、记录、处理，对违法行为实现自动化处理。（3）共享交通。通过数字化技术手段，推广共享交通模式，包括共享单车、共享汽车等，实现交通资源的最大化利用，降低交通拥堵问题。（4）安全行车监测。利用物联网技术对车辆行驶情况进行实时监控，包括驾驶行为监控、车辆状态监控等，能够提高驾驶安全性能。

（三）数字赋能治理技术在医疗卫生领域的应用[①]

在医疗卫生领域，数字赋能治理技术主要应用于以下几个方面：（1）电子病历。利用云计算技术和物联网技术，建立电子病历系统，实现病历信息的数字化记录、存储、共享和查询，提高医生诊治效率和准确度。（2）移动医疗。利用移动终端和云计算技术，实现移动医疗服务，包括远程医疗问诊、视频会诊等，能够解决医疗资源

---

① 李韬、冯贺霞：《数字健共体赋能基层卫生治理变革》，载《行政管理改革》2022年第8期。

分布不均的问题。(3) 药品追溯。利用区块链技术，建立药品追溯系统，实现药品信息的可追溯性和安全性，保障患者用药安全。(4) 健康管理。利用大数据技术，对人群健康信息进行收集、整合和分析，建立健康管理系统，包括个性化健康管理、健康风险预警等功能，能够预防疾病的发生和提高生活质量。

(四) 数字赋能治理技术在环境保护领域的应用

在环境保护领域，数字赋能治理技术主要应用于以下几个方面：(1) 环境监测。利用物联网技术和大数据分析，建立环境监测系统，对空气污染、水质污染等环境问题进行实时监测、分析和预警。(2) 垃圾分类。利用数字技术推行垃圾分类系统，包括智能垃圾桶、垃圾信息化管理等，实现垃圾资源化利用。(3) 智慧水利。利用物联网技术和大数据分析，实现对水资源的智能化管理，包括水资源监测、水资源综合利用等，有效提高水资源的利用效率。(4) 智慧城市建设。利用物联网技术和大数据分析，构建智慧城市平台，实现城市环境保护智能化管理，包括智能路灯、绿化智能化、垃圾智能化等，有效提高城市环境保护治理水平。

数字赋能治理技术的应用，可以提高社会治理效率和水平，能够在公共安全、交通管理、医疗卫生和环境保护等领域发挥重要作用。数字赋能治理技术是数字化应用的重要领域之一，其具有较为广泛的应用前景，在未来的社会治理中将具有越来越重要的地位。

二、数字赋能治理技术在提速增效中的作用

(一) 数字赋能治理技术对信息共享和协同处置的提升

信息共享和协同处置是数字赋能治理技术最重要的功能之一。利用数字化技术手段，实现各治理主体之间的信息共享和数据交换，

以及不同治理主体之间的协同处置。从而使得各部门在处理各种社会公共事件时，能够迅速掌握事件情况，快速反应，及时调度和协同处置。数字赋能治理技术在实现这一目标的过程中，主要依靠大数据和人工智能等技术，对数据进行汇集、加工和分析，形成智能化分析报告，帮助决策人员更好地理解事件和问题，并作出更加及时和科学的决策。同时，数字赋能治理技术还可以将信息传递给社会公众，让大众更深入地了解事件的发展，以及事态的处理进展。

（二）数字赋能治理技术对效率和效果的提升

数字赋能治理技术在社会治理中的另一个重要作用，就是提高了城市治理效率和效果。在传统的治理方式中，由于缺乏信息共享和协同处置的机制，导致了城市治理工作的低效率和低效果，如交通拥堵、环境污染等问题。而数字赋能治理技术的引入，可以大大提高治理效能。通过数字化转型和数字技术的应用，能够构建智能化的数据平台和智能化的城市管理中心，支持全城范围内的数据收集、处理和分析，以及城市治理工作的协同处置。这样不仅能够迅速发现城市治理中的问题和矛盾，更能够及时地对其进行处置和解决，从而提高城市治理工作的效率和效果。

（三）数字赋能治理技术对公众参与和管理的提升

数字赋能治理技术还可以增强公众参与度，并通过智能化的平台提高公共服务质量。数字赋能治理技术可以将市民的意见通过热线电话或微博、微信等手机客户端反映出来，让市民参与城市治理工作成为一种生动的实践。这种方式的使用，为政府部门提供了一些关键性的数据，这些数据可以帮助政府部门工作人员了解公众对于政策的看法及政策的实施效果，从而适应公众的需求。同时，数字赋能治理技术还可以帮助监管人员实现远程管理，保证了公共服务的质量和安全，以及社会治理的公正性、透明性和公信力。

三、数字赋能治理技术的应用案例分析

（一）智慧城市建设中的数字赋能治理技术应用案例

智慧城市建设是数字赋能治理技术的重要应用领域之一。数字赋能治理技术在智慧城市建设中的应用，可以增强城市的智慧化程度，从而提高城市的治理效率、生活品质和经济发展水平。下面从智慧交通、智慧环保、智慧安全三个方面，介绍数字赋能治理技术在智慧城市建设中的应用案例。

1. 智慧交通

在智慧城市建设中，数字赋能治理技术可以应用于智慧交通领域。例如，通过建立智能交通监管系统，可以实现交通流量监测、交通状况预警和智慧交通调度；通过智能交通导航系统，可以实现精准路线规划和交通拥堵预警。此外，智能停车系统也是数字赋能治理技术在智慧交通领域的重要应用。通过智能停车系统，可以有效解决城市停车难的问题，提高城市交通的管理效率。

2. 智慧环保

在智慧城市建设中，数字赋能治理技术可以应用于智慧环保领域。例如，通过智能环保监测系统，可以实现环境污染监测和环境治理调度；通过智能垃圾分类系统，可以实现垃圾分类自动化、智能化处理和可持续发展。此外，数字赋能治理技术还可被应用于智慧水资源管理和智慧能源管理，以更加有效的方式管理城市的资源和能源，实现可持续发展。

3. 智慧安全

在智慧城市建设中，数字赋能治理技术还可以应用于智慧安全

领域。例如，通过智能安防监控系统，可以实现对城市安全的全方位监控和预警；通过智能火灾监测系统，可以实现对火灾安全的及时监测和处理。此外，数字赋能治理技术还可以应用于智慧应急管理和智慧安全救援，以更加有效的方式管理城市的安全和应急救援。

（二）社区治理中的数字赋能治理技术应用案例

社区治理是数字赋能治理技术的另一个应用领域。数字赋能技术在社区治理中的应用，可以增强社区的智慧化程度，从而提高社区的治理效率、生活品质和社区居民的幸福感。下面从智慧社区建设、社区服务和社区党建三个方面，介绍数字赋能治理技术在社区治理中的应用案例。

1. 智慧社区建设

在社区治理中，数字赋能治理技术可以应用于智慧社区建设。例如，通过建立智能社区物业管理系统，可以实现社区物业管理的自动化、智能化和信息化；通过智能社区安防监控系统，可以实现社区安全的全方位监控和预警。此外，数字赋能治理技术还可被应用于智慧社区环境监测和智慧社区公共设施管理，从而更加有效地管理社区的环境和公共设施。

2. 社区服务

在社区治理中，数字赋能治理技术还可以应用于社区服务领域。例如，通过智能社区服务系统，可以实现社区服务的自动化、智能化和信息化；通过智能社区医疗服务系统，可以实现社区医疗服务的提高和优化。此外，数字赋能治理技术还可以应用于智慧社区教育服务和智慧社区文化服务，更加便捷地为社区居民提供教育和文化服务。

3. 社区党建

在社区治理中，数字赋能治理技术还可以应用于社区党建。例如，通过数字化党建平台，可以实现社区党建工作的数字化、智能化和信息化；通过智慧社区党建服务系统，可以实现社区党建服务的提高和优化。此外，数字赋能治理技术还可以应用于智慧社区志愿者服务和智慧社区慈善服务，更加有效地为社区居民提供志愿者和慈善服务。

（三）电子政务建设中的数字赋能治理技术应用案例

电子政务建设是数字赋能治理技术的另一个重要应用领域。数字赋能治理技术在电子政务建设中的应用，可以增强政府的智慧化程度，从而提高政府的治理效率、服务水平和公众信任度。下面从政务服务、政府信息化两个方面，介绍数字赋能治理技术在电子政务建设中的应用案例。

1. 政务服务

在电子政务建设中，数字赋能治理技术可以应用于政务服务领域。例如，通过数字化政务服务平台，可以实现政务服务的全程在线化、数字化和智能化；通过政务服务智能导航系统，可以实现政务服务流程的精准定位和快速办理。此外，数字赋能治理技术还可以应用于政务服务数据共享和政务服务安全保障，更加有效地为公众提供政务服务。

2. 政府信息化

在电子政务建设中，数字赋能治理技术还可以应用于政府信息化领域。例如，通过数字化政务管理平台，可以实现政府管理的数字化、信息化和智能化；通过政府信息化资源整合系统，可以实现政府信息资源的共享和利用。此外，数字赋能治理技术还可以应用于政府信息化安全保障和政府信息技术人才培养，更加有效地提高政府的信息化水平。

第六章

中国式现代化视域下
数字社会治理面临的现实问题

第一节　对数字社会治理认识不全面

随着数字化时代的到来，数字社会治理已经成为社会发展的必然趋势。然而，数字社会治理也面临着许多挑战，其中之一便是对数字社会治理认识不全面的问题。

一、对数字社会治理认识不足的表现

对数字社会治理认识不足主要表现在以下几个方面：

（1）理论研究不足。数字社会治理的理论研究还比较薄弱，尤其是在公共治理和社会治理领域内的研究不足，导致在学术研究和政策制定上缺乏有效的指导。

（2）治理实践不够。数字化社会治理实践存在着许多难点和挑战，然而现有的数字社会治理实践经验还比较少，导致治理实践不够充分，无法充分发挥数字社会治理的优势。

（3）对数字化社会的风险挑战认知不全面。数字社会治理需要充分认识数字化社会所面对的风险和挑战，而目前对数字化社会风险挑战的认知还比较单一和不完整，导致数字社会治理无法全面有

效应对。

（4）政策制定重点不够突出。在数字社会治理政策制定上，缺乏针对具体问题和实际需求的解决方案，导致政策制定并不能真正解决数字社会治理中存在的问题。

二、影响数字社会治理认识的因素分析

对数字社会治理认识不全面的原因是多方面的，以下是几个主要影响因素：

（1）传统治理理念的影响。传统的治理理念和管理模式无法完全适应数字化时代的治理需求，这种传统治理理念的影响也导致了对数字社会治理认识的不足。

（2）相关学科的不完善。满足数字化时代的社会治理需求需要跨学科的知识和技能，而目前相关学科如数字化社会学等还不够完善，缺乏有效的理论和实践指导。

（3）技术发展的不断变化。数字化时代的技术发展十分迅速，这也导致对数字社会治理的认识跟不上技术发展的速度。随着技术的不断变化，对数字化社会治理的认识需要不断更新和提升。

（4）具体治理情况的复杂性和多样性。数字化时代的社会治理充满复杂性和多样性，只有对具体的治理情况进行针对性的研究和探讨，才能更好地应对数字化社会治理的挑战。

第二节　数字社会治理制度不够完善

数字社会的发展给社会治理带来了许多新的挑战和机遇。在数字社会中，信息技术的快速发展和全球化网络的普及使得社会治理变得更加复杂。数字社会治理制度是实现数字社会治理的关键环节，

缺乏有效的数字社会治理制度会让社会治理面临许多问题。

一、数字社会治理制度概述

数字社会治理制度是指用于管理和规范数字社会中各个领域的规则、规范和机制。数字社会治理制度通常包括以下几个方面：

（1）法律制度。数字社会治理制度的核心是法律制度，它是国家管理数字社会行为的重要手段。数字社会中的各种活动必须遵守国家的法律法规，同时数字社会治理制度也需要拥有适合数字化时代的新型法律制度。

（2）信息技术管理制度。数字社会依赖信息技术，数字社会治理制度需要对信息技术的管理进行规范，如数据共享、数据保护、信息安全等方面的规定。

（3）产业治理制度。数字经济产业已经成为经济发展的重要组成部分，数字社会治理制度需要对数字经济产业进行管理和规范。

（4）社会管理制度。社会治理需要依靠各种组织机构，数字社会治理制度需要对这些组织机构进行管理和规范，如政府部门、企业等。

（5）财务管理制度。数字社会的经济交易与资金流转需要有相应的财务管理制度对其进行规范。

二、数字社会治理制度不够完善的表现

当前，数字社会治理制度还不够完善，主要表现在以下几个方面：

（1）数字社会治理制度缺乏统一规范。数字社会治理涉及的领域众多，但目前的数字社会治理制度缺乏整合和统一规范，导致不同领域的数字社会治理制度相互矛盾、互相纠缠，不利于数字社会

治理的整体性和效率性。

（2）数字社会治理制度缺乏前瞻性和科学性。数字技术发展日新月异，数字社会治理制度需要具有前瞻性和科学性，但现有的数字社会治理制度缺乏这些特征，导致相关的数字社会治理制度与数字社会的实际情况脱节，不利于数字社会治理的发展。

（3）数字社会治理制度缺乏完善的执行机制。数字社会治理制度必须具有完善的执行机制和相应的法律制度，但现有的数字社会治理制度缺乏完善的执行机制和相应的法律制度，导致数字社会治理制度不能够得到有效的执行。

（4）数字社会治理制度缺乏完善的监管机制。数字社会治理制度需要有完善的监管机制，以确保数字社会的治理规范得到有效的实施。但是，目前数字社会治理制度缺乏有效的监管机制，使得数字社会中存在的各种问题很难得到及时解决。

（5）数字社会治理制度缺乏综合性和协调性。数字社会治理制度涉及多个领域，由于不同领域的数字社会治理制度相互独立，导致数字社会治理缺乏综合性和协调性，并不能形成多方面、全方位、立体化的数字社会治理体系。

第三节　社会治理数据共享开放存在堵点

一、社会治理数据的共享开放

随着信息技术和网络应用的日益发展，社会治理数据不断增长和汇聚，数据资源的共享开放已经成为实现现代化治理的必要条件之一。社会治理数据的共享开放可促进信息的流通和共享，加速决策制定的过程，提高信息资源的利用效率和质量，从而提升整个社会治理体系的水平和效益。

二、社会治理数据共享开放存在的堵点

社会治理数据共享开放可以促进政府决策、促进社会服务和保障社会安全。但是，这项工作并不容易，虽然国家推出了一系列相关政策，但是数据共享开放的过程中还是存在着一些堵点。

（一）法律法规和政策制约

社会治理数据共享需要遵守法律法规和政策规定，但是目前相关的法律法规和政策还不够完善。数据的所有权归属、数据的使用范围和目的、数据共享的方式等方面，都需要进行明确规定。如果没有明确的规定，数据共享就会面临很多问题，比如数据泄露、滥用等。另外，不同部门之间的数据共享也需要遵守不同的政策，而这些政策并不一定一致。要保证数据共享的顺利进行，需要统一制定相关的政策和规定，使得数据共享的目的更加清晰。

（二）数据安全和隐私保护问题

数据共享过程中，数据的安全和隐私保护是非常重要的问题。政府部门要对数据采取完善的保护措施，确保数据不被盗用、丢失或篡改。在数据共享的过程中，还需要充分考虑个人隐私和商业机密等方面的保护问题，避免泄露敏感信息。另外，在数据共享的过程中，如何保证数据的使用权限和使用范围也是一个需要解决的问题。如果数据被滥用或者使用范围超出了规定范围，就会对个人和社会带来很大的损害。

（三）信息孤岛和技术壁垒

在不同部门之间，数据的格式、共享方式、数据库等方面都存在着大量的差异。这些差异导致了信息孤岛的产生，使得数据共享变得更加困难。此外，不同部门之间的技术水平和技术设备也不一致，这也是数据共享过程中的一个障碍。为了解决这些问题，需要进行技术创新，提高数据的标准化和规范化。此外，需要建立起数据共享的平台和标准，这样可以让数据共享更加便捷和顺利。

总之，社会治理数据共享开放是一项很重要的工作，但是在实践中还面临着一些难题，需要政府和社会各界共同努力，克服困难，推动数据共享开放工作的顺利进行。

三、解决社会治理数据共享的堵点

社会治理数据的共享开放，是促进社会治理现代化和提高社会治理能力的重要手段。然而，目前在实践中，数据共享依然存在很多堵点，这也制约了社会治理现代化进程的发展。下文将从完善法律法规和政策制度、强化数据安全和隐私保护、推动信息互通和技术创新三个方面进行探讨，以期解决社会治理数据共享的堵点。[①]

（一）完善法律法规和政策环境

社会治理数据共享开放需要一个明确的法律法规和政策环境，但目前这方面存在一些不足。其一，法律法规和政策环境没有明确给出数据共享的具体流程和标准，导致各个机构之间对于数据共享的具体实现方式存在不同的理解和诠释。其二，缺乏明确的责任和

① 盛振江：《大数据赋能社会治理创新的逻辑与路径》，载《中国治理评论》2023年第1期。

权利划分，也导致数据共享时存在很多争议和纠纷。要解决这些问题，需要完善相关法律法规和政策制度，明确各个机构应承担的责任和权利，并给出具体的数据共享流程和标准，以确保数据共享的顺畅实现。

（二）强化数据安全和隐私保护

数据安全和隐私保护是保障数据共享开放可持续发展的基础。因此，在进行数据共享时，需要充分考虑数据安全和隐私保护的问题。目前，我国已经出台了相关法律法规和政策文件，明确了各类数据的安全保护标准和要求。同时，对于政府部门的数据共享，还需要加强数据的监督和管理，确保数据的安全性。同时，在数据共享前需要明确数据的使用目的、范围和保密等级，以确保数据的隐私不会被泄露。

（三）推动信息互通和技术创新

信息互通和技术创新是实现数据共享开放的关键。因此，需要加强技术研发和创新，推动各个机构之间的信息互通和数据共享。具体来说，需要加强数据的标准化和规范化建设，建立可靠的数据管理平台和标准化接口，确保数据在不同系统之间的流通和使用。同时，需要加强对数据的质量控制和验证，确保数据的准确性和完整性。

综上所述，完善法律法规和政策制度、强化数据安全和隐私保护、推动信息互通和技术创新是解决社会治理数据共享的堵点的关键。同时，也需要通过不断探索和实践，总结出一套成熟的数据共享模式和经验，进一步推动社会治理现代化的进程。

第四节　社会治理应用场景数字化供给能力不足

一、社会治理应用场景数字化供给能力不足的现状

当前，社会治理应用场景数字化供给能力不足的现象普遍存在，主要表现在以下几个方面：

（1）数字技术应用不足。在传统社会治理模式下，政府部门大量采用纸质文件和人工审核等方式进行管理，数字化技术应用较少，效率低下。虽然近年来政府数字化转型已经开始，但数字化技术应用的深度和广度仍需加强。

（2）数据管理能力不足。社会治理领域涉及的数据类型复杂，数据量大，如何对这些数据进行有效管理和利用，需要具备强大的数据管理能力。但现实情况是，社会治理数据采集、管理、共享、应用等方面存在着较大的障碍和问题，数据管理能力不足。

（3）智能运算能力不足。智能化运算是社会治理数字化的重要基础，对于大数据分析、人工智能等应用具有重要意义。但目前社会治理领域缺乏智能运算能力，尤其是缺乏具备算法能力和应用模型的专业人才。

（4）应用服务能力不足。社会治理数字化需借助一系列数字化应用来实现。目前，应用服务能力也是数字化供给能力的薄弱环节，如政务服务平台、智慧城市管理等数字化服务应用仍相对较为局限。

二、社会治理应用场景数字化供给能力不足的影响

社会治理应用场景数字化供给能力不足对社会治理的影响主要

体现在以下几个方面：

（1）社会治理效率低下。数字化供给能力不足会导致数字化服务应用能力较弱，社会治理效率低下，难以满足市民需求。

（2）安全风险较大。现代社会的数字化治理需要高度依赖技术支持，因此数字安全风险成为重要的治理问题。缺乏数字技术和数据管理能力会增加数字化治理的信息安全风险。

（3）治理创新能力弱。社会治理数字化需要依赖技术创新，数字化供给能力不足，会导致治理创新能力弱化，影响对社会问题的应对能力。

（4）数字鸿沟加剧。数字化供给能力不足会导致数字鸿沟加剧，即数字技术和应用的发展对于不同群体、地区的影响不同，进一步增加了社会不平等。

综上所述，当前社会治理应用场景数字化供给能力不足的现状对社会治理产生了严重的影响，加剧了社会问题的解决难度，也限制了社会治理和发展的进程。因此，提升社会治理应用场景数字化供给能力，成为当前数字化转型的重要任务。

三、影响社会治理应用场景数字化供给能力的因素分析

（一）技术因素

技术是数字化供给能力的基础，其发展水平直接影响数字化供给能力的水平。数字化技术的发展需要强大的技术支撑，包括硬件和软件两个方面：

（1）硬件设施。数字化治理应用场景需要支撑海量数据存储、计算和处理的大规模服务器和网络设备，以及智能化的终端设备，这需要大量的投资和建设。

（2）软件技术。数字化治理应用场景需要的软件技术包括大数据分析、人工智能、区块链等，这需要高水平的人才与持续的研究和开发。

（二）制度因素

数字化治理应用场景的供给需要建立合适的制度和规范，才能促进数字化供给能力的提升，具体包括以下方面：

（1）政策法规。政策法规是数字化治理应用场景数字化供给能力的重要保障，需要制定合理的政策和标准，明确数字化治理应用场景数字化供给的标准和要求。

（2）数据共享。数字化治理应用场景需要实现数据共享和整合，这需要建立合理的数据共享机制，保障数据安全和隐私，同时方便有需要的部门和单位使用相关数据。

（3）责任明确。数字化治理应用场景数字化供给涉及多个部门和单位，需要明确责任分工，避免出现信息孤岛和责任推诿等问题。

（三）人才因素

数字化技术的应用需要具备一定专业技术和管理技能的人才，而数字化治理应用场景的数字化供给需要更加多元化和创新化的人才支持，包括：

（1）数据分析师。数字化治理应用场景需要专业的数据科学家和分析师，对大规模数据进行分析和挖掘，以支持决策和管理。

（2）人工智能专家。数字化治理应用场景需要专业的人工智能专家，开发和应用智能化算法，提高治理效能和服务质量。

（3）创新管理人才。数字化治理应用场景需要创新化的管理人才，具有全局思维和创新意识，能够发掘社会治理应用场景数字化的潜力。

（四）其他因素

数字化治理应用场景的数字化供给还受到其他因素的影响，包括：

（1）投入不足。数字化治理应用场景数字化需要巨大的投入，需要政府和企业的大力支持，否则数字化供给能力将无法提升。

（2）数据安全问题。数字化治理应用场景数字化需要保障数据的安全，否则将会对人们的生产生活产生极大的威胁。

（3）应用场景差异大。数字化治理应用场景很多，应用场景之间差异较大，需要采用不同的技术和手段，这也增加了数字化供给能力的难度。

第五节　数据监管与数据安全保障不到位

一、数据监管

数据监管是指依据相关法律法规和标准，对数据的收集、处理、存储、传输、销毁等各个环节进行管理和监督，保证数据的合法、安全、有效使用和共享。

随着信息技术的不断发展和普及，人们的生活和工作离不开数字化平台和互联网，尤其是近年来物联网、人工智能、云计算等新技术的快速发展，让数据成为当今世界最为珍贵的资源之一。数据不仅可以带来经济价值，也可以对社会和政治生活产生深远影响。因此，数据监管显得异常重要。

（一）数据监管的重要性

数据监管的重要性如下：

（1）保护个人隐私和权益。数据中包含个人身份和敏感信息，如姓名、住址、电话号码、银行账户、照片等，需要得到充分保护，避免被不法分子盗取或滥用，从而导致财产和人身安全受到损害。

（2）维护社会公共利益。政府机关、企业和社会组织等单位，收集和处理的数据不仅涉及个人，也涉及国家和社会的安全和利益，需要坚守法律法规规定的底线，严格遵守数据保护原则，以公共利益为导向，确保数据的正确、及时、安全使用和共享。

（3）促进商业发展和创新。数据监管能够防止个人和组织对数据的滥用和不当竞争行为，保证公平竞争的市场环境。同时，数据监管的标准还可以帮助企业规范数据的采集和处理方式，为数据驱动型发展提供支撑和保障。

（二）数据监管的现状和挑战

尽管数据监管的意义被广泛认可，但是实践中仍然存在很多挑战和问题，主要表现在以下几个方面：

（1）监管模式不够灵活。现有的数据监管模式主要是基于传统行业和法规体系建立的，面对互联网和移动应用的快速发展，很难快速适应和满足新形势下的监管需求。

（2）监管法律法规不完善。当前，大多数国家和地区针对数据保护的法律法规仍然处于初级阶段，法律起草和执行有差距，法律漏洞和法律空白容易被利用。同时，对跨境数据传输和使用的监管难度也很大。

（3）数据技术安全保障不够。数据的安全保障和技术措施比较薄弱，如数据传输时的加密和安全认证、数据存储时的灾备、数据销毁时的彻底和可追溯等，都需要进一步加强。

（三）数据监管的发展前景与建议

为了更好地应对当前数据监管的挑战，需要采取以下几种措施：

（1）建立完善多元化的数据监管体系。在加强传统监管的基础上，还需要结合新技术、新模式和新场景，制定针对不同类型数据和行业的监管标准和方法，建立全方位的数据监管体系。①

（2）加强法规体系的完善和落实。需要在国际和国内两个层面，加强数据保护法规的制定、修订和落实，并督促企业和机构严格遵守。

（3）推进技术保障的提升。加强技术保障的措施和指导，针对数据的安全性、可靠性、可用性、可追溯性等，加强相关技术和措施，确保数据的完整性和隐私保护。

（4）建立跨界协作的数据监管机制。在跨界合作中，数据监管需要建立联合监管机制和标准，实现政府、企业、社会组织协同管理和监督，形成检查、督促、执法等相互配合的监管机制。

二、数据安全保障

（一）数据安全保障的定义和重要性

数据安全保障是指对数据进行合理的保护，确保数据的完整性、可靠性、保密性和可用性，防止数据的丢失、泄露、损坏、篡改等安全问题发生，从而保障数据的安全。随着信息技术的发展，数据

---

① 于纤：《浅析市域社会治理现代化中的“智慧治理”》，载《产业科技创新》2022年第5期。

已经成为企业和个人最重要的财产之一，大量的数据储存在各种信息系统中，安全保障已经成为数据处理中最重要的问题之一。

数据安全保障的重要性不言而喻。在数据治理过程中，关键技术的信息系统架构面临变革，安全机制缺失，安全保障能力比较薄弱，极易导致数据泄漏。对此，应筑牢数据安全屏障，深化数据安全治理，将数据加密、区块链、安全传输验证等技术协调融合，做好数据安全保障；加大数据安全防范技术投入，特别是要强化 5G、区块链、人工智能为代表的新技术研发；优化基础设施的空间和产业布局，为数据治理提供“算力+数据+算法”的载体支撑。

（二）数据安全保障的现状和挑战

尽管数据安全保障的重要性越来越受到重视，但是目前在实践中，仍然存在一些问题和挑战。

1. 技术层面的挑战

网络攻击者利用各种手段入侵企业的信息系统，导致数据泄露、损坏等安全问题的发生。企业需要加强信息安全管理，对信息系统进行全面、有效的防护。但是，在技术层面，建立安全保障仍然存在一些问题，比如，许多企业的安全技术水平和设备跟不上攻击者的技术手段的发展，缺乏有效的安全措施和安全机制，导致数据安全无法得到有效的保障。

2. 人员层面的挑战

数据泄露事件的发生总是与人有关。企业需要建立完善的管理制度和安全培训体系，加强对员工的安全意识教育，提高员工的安全防范能力。比如，一些员工对数据安全保障意识薄弱，安全问题时有发生，而且员工的离职，对企业数据的安全也带来一些隐患和风险。

3. 法律层面的挑战

在数据处理中，隐私保护是一个重要的环节。但是，现有的法律法规对于数据隐私保护的规范和限制还不够完善，存在一些漏洞和盲区。企业需要建立严格的信息安全管理制度，并遵守相关的法律法规，保障客户和企业的隐私权利。但是，企业要遵守众多的法律法规，容易疏漏，也使得数据安全保障的实施面临很大的挑战。

（三）数据安全保障的发展前景与建议

面对数据安全保障的现状和挑战，企业需要建立全面、有效的安全保障机制，提高数据的安全性和保密性，从而保障数据的安全。同时，企业也要跟上信息安全技术的发展趋势，不断完善数据安全保障措施和机制，确保数据的安全。

1. 信息安全技术的发展

信息安全技术的发展是数据安全保障的关键。企业需要通过引进和应用最新的安全技术，加强对信息系统的防护。比如，对于企业内部的信息系统，可以建立防火墙、加密技术等防护机制；对于企业外部的信息系统，可以采用数据包过滤、行为监控等技术防护。此外，企业还可以引进人工智能和机器学习技术，实现智能化的安全保障。

2. 人员安全意识的培养

安全保障离不开人员的参与，企业需要加强员工的安全意识培养。除了对员工进行安全意识教育，企业也可以通过开展安全演练和模拟攻击等活动，提高员工的安全防范能力和应对能力。

3. 法律法规的完善

隐私保护是安全保障的一个重要方向。企业需要遵守相关的法律法规，保障客户和企业的隐私权利。为了保障数据的隐私权和个人权利，国家需要加强对个人隐私的保护，建立全面的隐私保护制度。

4. 对数据安全保障的监管

数据安全保障需要政府和第三方机构的监管。政府和第三方机构可以通过制定数据安全保障标准和规范、开展数据安全保障审核等措施，推动企业重视数据安全保障。

总之，数据安全保障是数据处理中最重要的问题之一，企业需要建立全面、有效的数据安全保障机制，提高数据的安全性和保密性。同时，企业也要不断完善安全保障措施和机制，确保数据的安全。

三、数据监管与数据安全保障的关系和互补性

数据监管和数据安全保障是两个不可分割的整体，特别是在当今数字化的时代，其重要性更是不言而喻。数据监管指的是对数据的收集、处理、使用和共享等方面进行规范和监督管理，目的是保护数据的安全性和合法性，以及促进数据开放、利用和创新。数据安全保障则是指对数据进行保护，以防止数据被非法访问、篡改、破坏和泄露等，从而保证数据的完整性、可用性和机密性。两者的目的都在于保护数据的正当权益，但实现的途径略有不同。

首先，数据监管与数据安全保障之间存在一种互补性关系。数据监管的核心在于规范和监督管理数据的采集、存储、处理和使用等方面，以保护数据的安全、合法和合理使用；而数据安全保障则是针对数据被非法侵入、窃取、篡改和破坏等风险，采取各种技术手段和措施来保护数据的机密性、完整性和可用性。如果数据的安全得到保障，但是数据使用和处理的过程中却缺乏监管，那么数据

的合法性和合理性就无法保证；反之，如果数据的使用受到了规范和监管，但是在数据传输、存储和处理的过程中存在安全漏洞，那么数据的安全性就难以保障。因此，数据监管和数据安全保障是相互依存、相互支持的，两者的发展离不开彼此。

其次，数据监管与数据安全保障之间存在着密切的关系。一方面，数据监管的实现需要各种技术手段和工具的支持，如数据标准、数据质量管理、数据共享平台、大数据分析等，这些技术手段的运用往往依赖于信息安全的保障。另一方面，信息安全也需要数据监管的支持，如要想保障数据的安全，就需要对数据的来源、采集和传输进行有效监管，规范数据的存储和处理流程，保证数据的完整性和机密性。因此，数据监管和安全保障的关系是密不可分的，两者的合理结合可以实现对数据的全方位保护。

最后，数据监管和数据安全保障的关系还表现在对建立数据安全治理体系的推动上。完善数据分类分级管理制度，健全重点应用领域的数据安全标准，支持开展数据安全管理认证；强化数据安全管理责任，完善数据分类管理、分级保护制度，将数据安全贯穿数据供给、流通、使用全过程；制定数据联管联治机制，强化数据交易追溯审计制度，建立风险预警和应急处置机制，包容审慎对待原始数据的流转交易行为，开展数据要素安全监管和数据要素市场运行监管；实施分行业监管和跨行业协同监管，推动建立政府监管、平台自治、行业自律、公众参与的数据要素市场协同治理机制，有助于营造安全有序的发展环境，强化依法监管，以健全数据安全治理体系为准绳，高标准筑牢数据安全保障。

第六节 领导干部数字治理能力相对不足

一、领导干部数字治理能力现状分析

（一）当前数字治理形势

当前，数字化、网络化、智能化的快速发展已经深刻改变了整个社会的运作方式，数字经济已经成为推动经济发展的重要力量之一。在这种大背景下，数字治理越来越成为各级政府和企业管理者的重要议题之一。然而，在数字化的浪潮下，领导干部数字治理能力却在一定程度上存在较大的缺陷。

数字治理的范畴非常广泛，包括数字化公共服务、数字经济、数字政府、数字社会、数字文化等各个方面。数字治理的意义不仅在于提升政府和企业的效率，还在于促进社会的发展、提高市民的获得感和幸福感。而数字治理不仅是基于信息技术的发展，还需要有决策者的正确引导和有效实施。因此，领导干部数字治理能力的提升对于数字治理的推广和发展具有重要的作用。

（二）领导干部数字治理能力的重要性

在数字化治理的过程中，领导干部不仅仅是执行者，更需要担负起决策者和引领者的角色。有效的数字治理需要领导干部在政策制定、项目规划、资源配置等方面发挥重要作用。同时，在数字化治理中，领导干部的数字治理能力也直接决定了数字治理的效果和效率。

一方面，领导干部需要有足够的数字化素养，对数字化事物有着深刻的认识，掌握数字化技术的发展情况和趋势，了解各种数字化产品和技术的特性和应用场景，以便在决策过程中更好地运用数字化手段。另一方面，领导干部还需要具备良好的信息素养、分析能力和判断能力。这些能力可以帮助他们更好地理解数字化信息的本质和含义，把握数字治理的重点和方向，提高决策的准确性和科学性。

在数字化治理中，领导干部也需要具备较强的组织和协调能力。因为数字化治理往往涉及各个部门之间的协调和合作，领导干部需要协调各方面的资源，将他们的目标和利益调和起来，确保数字化治理的全面推进。同时，领导干部还需要具有良好的沟通和交流能力，能够与各方面的人员进行有效的沟通和协商，促进数字化治理的顺利推进和实施。

（三）领导干部数字治理能力的现状分析

尽管数字化治理对于经济社会的发展非常重要，但是在数字治理中领导干部的数字治理能力却存在一些问题。

首先，领导干部的数字化素养还需进一步提高。领导干部在数字化治理中，往往需要大量的数字化信息支持，但是现实中，一些领导干部对于数字化信息的理解和认识还不够深入。这些干部可能对于数字化技术的应用场景和特性不够熟悉，难以准确判断数字化治理的效果和效率。因此，领导干部应该加强数字化素养的提升，不断增加数字化的知识储备。

其次，领导干部的信息素养需要改进。在数字化治理中，信息素养是非常重要的能力之一，但是现实中，一些领导干部的信息素养并不高。这些干部可能对于数字化治理所涉及的信息无法做到全面理解和准确掌握，也可能对于信息的加工和处理能力不够强。因此，领导干部应该提高对信息的收集、选择、分析和应用能力。

最后，领导干部的组织和协调能力也需要改善。在数字化治理中，领导干部需要协调各部门之间的关系、整合各种资源、制定具体策略等，并且需要与各方面的人员进行有效的沟通和协商。但是现实中，一些领导干部的组织和协调能力并不强，难以有效协调各个部门之间的关系，也难以确保数字治理的顺利推进和实施。因此，领导干部应该加强组织和协调方面的能力提升。

总结而言，领导干部数字治理能力在当前数字化社会中非常重要，领导干部需要提高自身的数字化素养、信息素养和组织协调能力，以更好地推进数字化治理。只有领导干部的数字治理能力得到有效提高，数字化治理才能更好地发挥实际效果，为社会的发展做出更大的贡献。

二、领导干部数字治理能力不足的原因分析

随着信息化和数字化时代的到来，数字治理已经成为政府工作的一项重要任务。然而，在实践中，领导干部数字治理能力相对不足的问题也越来越显著。下面对领导干部数字治理能力不足的原因进行分析，分别从制度因素、教育培训因素和个人素质因素三个方面进行探讨。

（一）制度因素

制度因素是造成领导干部数字治理能力不足的一个重要原因。一方面，政府在推进数字治理方面缺乏全面、系统、科学、合理的制度体系，尤其是缺乏统一规范的标准和行业共性的规则，导致数字治理工作缺乏依据和指导。[①] 另一方面，一些地方政府没有完善的数字治理管理机构，或者机构职能缺乏明确指引，存在工作职责不清晰、管理不规范的问题，导致数字治理工作无法得到有效组织和领导。

此外，制度体系中还存在着一些制约数字治理的问题。比如，在信息共享和数据交换方面，因为涉及不同部门和不同层级的利益，

---

① 丁梦兰：《政府数字化转型背景下公务员数字素养指标体系构建和现状研究》，浙江大学 2020 年硕士学位论文。

政府的信息孤岛现象比较严重。另外，在政府数字治理工作中，由于政府部门之间的数据沟通不畅，导致信息的共享和交流受限，从而影响数字治理的效果。因此，政府应该建立完善的数字治理制度体系，为数字治理提供法律、政策和技术保障。

（二）教育培训因素

教育培训因素也是造成领导干部数字治理能力不足的一个原因。目前，政府在数字治理方面缺乏统一、系统的专业人才培养模式，有些领导干部缺乏相关知识和技能。此外，由于数字治理涉及技术、管理、法律等多个领域，难以培养出全面的数字治理专业人才。因此，政府应该加强数字治理专业人才培养，建立全方位的教育培训体系，除了加大投入，还应该制定一整套培训方案、编写相关教材和进行相关课程设置，从理论、技术、管理和实践等方面进行培训和训练，提高领导干部的数字治理能力和素质。

（三）个人素质因素

个人素质因素也是影响领导干部数字治理能力的重要因素。[①] 数字治理需要领导干部具备多种素质，包括政治素质、管理素质、职业素养、沟通协调能力等。然而，一些领导干部缺乏这些素质，导致数字治理工作难以得到有效推进。此外，领导干部个人素质方面还存在一些局限性。例如，一些领导干部存在思维保守、抵触新技术和新理念的现象，对数字治理的重要性认识不足，缺乏数字化思维和创新意识，难以与时俱进，推进数字治理。因此，政府应该注重提高领导干部的个人素质，建立行业标准，推动干部队伍的专业化和职业化，同时进行思想政治教育，加强领导干部的数字化思维

---

① 李玉兰：《新时代激励广大干部担当作为的对策研究——以新疆 W 市为例》，载《新疆社科论坛》2021 年第 3 期。

和创新能力等方面的培训。

综上所述，制度因素、教育培训因素、个人素质因素都是造成领导干部数字治理能力不足的原因。政府应该在建立健全数字治理制度体系、加强数字治理专业人才培养和提高领导干部个人素质等方面进行改进，提升领导干部的数字治理能力。

第七章

中国式现代化视域下
推进数字社会治理的实践进路

第一节　坚持党建引领社会治理，夯实数字社会治理规划与顶层设计

在新时代背景下，加强和改善社会治理已成为国家的重要任务。党的十九大报告提出了“全面深化改革总目标”，强调“加强党的全面领导”“健全党和国家监督体系”等重要方面，推动全面从严治党向纵深发展。而信息化、数字化的发展也带来了社会治理的新思路和新方法，数字社会治理不断赋能社会治理能力，成为一个新的发展方向，必将成为未来社会治理的重要手段之一。

本节将从社会治理的角度出发，着重分析数字技术在社会治理中的应用与发展，以及如何进一步夯实数字社会治理规划与顶层设计，为深入推进社会治理现代化提供有力的理论和实践支持。

一、制定数字社会治理的总体目标和指导原则

为确保数字社会治理的有效实施，必须首先制定数字社会治理的总体目标和指导原则，以保证数字社会治理的方向和目标的准确性和科学性。数字社会治理的总体目标应该是实现数字技术与社会

治理的有机结合，全方位、全过程、全时空地提升社会治理效能，合理分配社会资源，推进公平公正、民主透明和便捷高效的社会治理体系的建立。[①]

数字社会治理的指导原则应该包括以下几个方面：

（1）依法治理。数字社会治理必须遵循法律法规，始终坚持依法治理原则。

（2）科学决策。数字社会治理必须建立科学的决策机制，确保决策科学、合理和公正。

（3）数据驱动。数字技术的应用使数据成为数字社会治理的基础，数字社会治理必须依靠数据驱动，通过数据分析实现治理的科学化和精细化。

（4）统筹协调。数字社会治理必须实现各治理领域之间的统筹协调，确保数字技术的应用在各个领域的顺畅推进。

二、建立数字社会治理的基础设施和技术体系

数字社会治理的实施必须建立在完备的基础设施和技术体系上。建立数字社会治理的基础设施和技术体系是实现数字社会治理的基础和前提。具体包括以下几个方面：

（1）信息基础设施建设。数字社会治理的基础设施建设必须包括全面建设信息基础设施，包括网络、云计算、大数据、人工智能等，以保证数据的可靠传输和存储。

（2）数据采集和分析技术。应该建立较为完善的数据采集和处理系统，包括数据采集、数据存储、数据标准化、数据挖掘和数据

① 孟庆国、郭媛媛、吴金鹏：《数字社会治理的概念内涵、重点领域和创新方向》，载《社会治理》2023年第4期。

分析等。

（3）智慧城市建设。智慧城市建设是数字化社会的重要组成部分，通过智慧城市建设，可以提升城市治理能力和效率，为数字社会治理提供重要的技术支撑。

（4）数字政务建设。数字政务建设是数字化社会治理的基础，必须建立完善的数字政务平台，提高政府服务的便民利民程度，减少政府服务成本，提高政府服务效率。

三、建立数字社会治理的组织机制和管理体系

数字社会治理的组织机制和管理体系是实现数字社会治理的重要保障。建立数字社会治理的组织机制和管理体系的关键是建立数字社会治理的协调机制和监督机制，以及建立数字社会治理的部门分工和工作职责。具体包括以下几个方面：

（1）建立数字治理机构。建立数字社会治理的专门机构，负责数字化社会治理的协调、推进和监督。

（2）建立数字社会治理的协调机制。建立统筹数字社会治理各部门和地区之间的协调机制，充分发挥协调机制的作用，以确保政策的贯彻执行。

（3）建立数字社会治理的监督机制。监督机制对数字社会治理的实施过程进行监督和评估，及时发现问题并解决问题。

（4）建立数字社会治理的部门分工与工作职责。数字社会治理的组织机制和管理体系必须建立各部门的分工和工作职责，明确各部门的职责和作用，确保数字社会治理的各项工作有序推进。

四、坚持党建引领社会治理的根本理念

党建引领社会治理的实践路径，首先，要有明确的目标。在党建引领社会治理的实践中，明确目标是非常重要的一步。要找到治理的症结所在，确定治理的目标，制定出合理的治理方案，才能更好地达到治理的效果。其次，要加强党的领导，提高治理能力。党的领导是治理的根本保证，要加强党对治理工作的领导，完善制度建设，严格执行政策法规，统一管理，统筹协调，提高治理的效率和质量。再次，要弘扬社会主义核心价值观，培育和践行社会主义核心价值观。社会主义核心价值观是我们的民族、我们的文化、我们的传统和我们的未来，要让社会主义核心价值观深入人心，为社会治理提供思路和方向。最后，要创新社会治理模式，提高治理的水平和成效。要不断创新社会治理模式，紧密结合实际情况，推动治理的现代化和智能化，提升治理的水平和成效。

总之，数字社会治理作为一种新的社会治理方式，将大大提高数字化社会的治理效率、公正性和民主化，是必须走的正确的治理道路。而要夯实数字社会治理规划和顶层设计，首先需要制定数字社会治理的总体目标和指导原则，其次是建立数字社会治理的基础设施和技术体系，再次是建立数字社会治理的组织机制和管理体系，最后是坚持党建引领社会治理的根本理念。只有这样，才能推动数字社会治理走向深入、健康、高效的轨道。

第二节　构建中国特色社会治理制度，健全社会治理数字化体系

在当前全球化和信息化的背景下，中国社会治理面临着前所未有的复杂和严峻的挑战。为了应对这些挑战，中国必须构建适应本国国情的社会治理制度，并且加快建设社会治理数字化体系，以实现更加高效、智能化、便捷的社会治理。随着中国社会的快速发展，社会治理已经成为一个日益重要的领域。因此，必须构建适应中国国情的社会治理制度，以维护社会稳定和经济发展。首先，必须加强政府的领导和协调能力，建立协调机制和智库，发挥政府在社会治理中的协调作用。其次，要加强社区和基层党组织的建设，提高其治理能力和服务质量，为居民提供更加优质的服务和保障。最后，要促进社会组织的发展和市场经济的繁荣，增强社会组织和市场经济的自我调节能力，实现社会治理的多元化。

一、以人民为中心的治理理念

以人民为中心的治理理念是中国特色社会主义制度的重要内容，也是建设中国特色社会治理制度的重要方向。[①] 这一理念的核心是把人民放在政治、经济、文化、社会和生态文明建设的中心地位，促进人民全面发展、全面参与、全面保障。在具体实践中，需要贯彻以人民为中心的发展思想，构建以人为本的治理模式，加强社会主义民主政治建设，推进基层社会治理体系建设，提高经济社会发展

① 蒋明远：《“以人民为中心”：基层治理的价值取向和现实出路——基于四川省Q县“一站式”调处平台改革的案例分析》，载《领导科学论坛》2022年第10期。

的普惠性、可持续性和公平性，促进人民文化素质的全面提升。实践证明，以人民为中心的治理理念是非常重要的。它能够有效地促进国家和社会的全面进步，推进国家治理体系和治理能力现代化。在实践中，我们需要构建健全的基层社会治理体系，减轻政府的压力，让社会群体自我管理，构建共建共治共享的社会治理格局，增强人民群众的获得感和幸福感。

二、全面依法治国的基本方略

全面依法治国是中国特色社会主义的本质特征，也是建设中国特色社会治理制度的重要基础。在全面依法治国的基础上，我们需要贯彻服务人民、促进社会发展、保障社会公平正义的宗旨，在治理中不断探索新的制度、机制和方法。全面依法治国的基本方略主要包括以下几个方面：第一，加强宪法和法律意识，明确宪法和法律的权威地位和约束力。第二，构建完备的法律体系，制定符合国情的法律，并严格执行、监督和检查。第三，加强法治文化建设，推进全民法治教育。第四，加强社会信用体系建设，提高社会信用水平。第五，加强法律服务体系建设，提高全民法律素质。全面依法治国的基本方略对于建设中国特色社会治理制度非常重要。它能够规范社会秩序，维护社会稳定，保障人民权益，促进经济社会发展，构建良好的政治生态。

三、“五位一体”总体布局的实现

“五位一体”总体布局是中国特色社会主义制度的重要特征，也是中国特色社会治理制度的重要方向。这一布局的核心是：经济建设、政治建设、文化建设、社会建设和生态文明建设，相互协调、相互促进。在具体实践中，需要贯彻创新、协调、绿色、开放、共享的新发展理念，加强制度创新、机制创新、政策创新，形成全方位、多领域、立体化的治理体系，提高国家治理体系和治理能力现代化水平。

实践证明，“五位一体”总体布局能够有效地促进经济社会的协调发展，加强政治、文化、社会和生态文明建设，增强社会治理体系的整体效能，增强国家治理体系和治理能力的竞争力。

四、加强数字化基础设施的建设

构建数字化社会治理体系的前提是数字化基础设施的完善。数字化基础设施包括通信设施、电力设施、信息系统、数据中心等，是数字化社会治理的物质基础。要加强数字化基础设施的建设，需要健全一系列制度，建立健全数字化基础设施建设的责任主体，推进基础设施建设的优化与突破，确保数字化基础设施与社会治理数字化体系相协调。

（一）加强数字化基础设施建设的责任主体

数字化基础设施建设的责任主体可以由政府和企业等共同承担，但是政府承担主体责任。在国家层面建立数字化基础设施建设的责任体系，明确各个责任主体的职责和任务，建立数字化基础设施项目立项、审批、建设、运营等全流程管理制度，确保数字化基础设施建设的有序进行，避免建设的重复和浪费。

（二）推进数字化基础设施建设的优化与突破

数字化基础设施建设需要符合人民群众日益增长的数字化需求，更加注重数字化基础设施的覆盖率、服务质量、稳定性等方面的提高。在数字化基础设施建设中，要注重突出互联互通、智能化、集成化等特点，在普及和提升宽带网络、物联网等数字设施的同时，注重发展具有自主知识产权、安全可靠的数字化设备。

五、推进数字治理能力和技术的提升

数字治理能力和技术的提升是数字化社会治理的重要保障。在数字治理能力和技术的提升方面，需要整合国内外优秀资源，积极引进先进的数字技术和治理理念，提升数字治理能力和水平，实现数字治理的高效运行。

（一）整合国内外优秀资源

数字化社会治理涉及多个领域、多个行业，需要整合国内外各方面的优势资源。政府应加强与国际组织的合作，引进先进的治理理念和技术，积极培养数字治理人才。同时，政府还应扶持和鼓励国内优秀数字化治理企业，进一步提升中国数字治理产业的整体水平。

（二）积极引进数字技术和治理理念

数字技术和治理理念的引进对于提升数字治理能力和水平至关重要。政府应积极实行“政企合作、以市场为导向、技术创新、管理先进”的策略，广泛吸纳国内外数字技术人才，创新数字技术，加强数字技术与社会治理相结合，不断推进数字治理能力和技术的提升。

六、加强数据管理和安全保障

在数字化社会治理体系建设过程中，数据作为数字化治理的重要支撑，数据的管理和安全保障至关重要。要加强数据的整合和分析，建立统一的数据标准和共享机制，保障数据的安全性和可靠性，确保数据的科学应用，提高数字化社会治理的科学性和准确性。

（一）建立统一的数据标准和共享机制

数据的整合和共享是数字化社会治理体系建设的重要环节。要建立统一的数据标准和共享机制，加强数据中心的建设和管理，确保数据的全面、准确、及时等。政府应加强行业数据管理标准化和规范化建设，推动数据的开放和跨部门协作，提高数据处理的效率和精度。

（二）保障数据的安全性和可靠性

数据安全性和可靠性是数字化社会治理体系建设的核心问题。要加强数据的保密和安全措施，建立完善的数据安全管理机制和应急预案，增强人员数据安全意识，推进数据安全监管和防范工作，确保数据的完整性、安全性与可靠性。

七、构建数字化的社会治理机制

数字化社会治理机制是数字化社会治理体系建设的重要组成部分。要构建数字化社会治理机制，需要完善数字化治理职能和机构设置，加强数字化治理体系建设和监管，推动数字化治理与社会治理的融合，推动数字化社会治理机制的顺利运行。

（一）完善数字化治理职能和机构设置

数字化治理职能和机构设置是数字化社会治理机制建设的重要环节。要健全政府数字化治理职能和机构设置，推动数字化治理与社会治理深度融合，建立数字化社会治理机构和相应的指导、督促、协调、服务、支持等职能设置，促进数字化社会治理机制的稳步运行。

（二）加强数字化治理体系建设和监管

数字化治理体系建设和监管是数字化社会治理体系建设的重要环节。要加强数字化治理体系建设和监管，进一步完善数字化社会治理体系规范，加强相关法律法规的制定和落实，推进数字化治理体系建设，打造完整的数字治理生态，为社会治理数字化体系的良性循环提供保障。现代社会治理必须以数字化为基础，加强数字化基础设施建设，推进数字化治理能力和技术的提升，加强数据管理和安全保障，构建数字化的社会治理机制，从而实现数字化社会治理体系的全面建设和完善。

第三节　释放数据共享开放效能，推动跨部门数据共享与业务协同

数据共享就是将组织内部收集到的数据资源进行共享，以实现数据的有效利用。在不同部门或组织之间，数据共享的目的是在不同业务领域之间实现信息的跨界流通，进一步促进协同创新。

数据共享的意义是多方面的。首先，数据共享可以避免无效重复投入，提高数据的使用率和可利用性。其次，数据共享可以提高数据的准确性和可靠性，从而促进信息的准确性、及时性和有效性。最后，数据共享还有助于加强组织之间的合作与协同，提高绩效和效益。

数据共享开放效能是指数据在共享、开放等方面所能带来的效益。在推动数据共享的过程中，为了实现数据的开放，必须打破传统信息孤岛，采用开放的数据共享方式，将数据尽可能地向内外部各方开放。通过数据在不同部门和组织之间的交流，可以进一步推

动业务协同，实现资源共享、业务协同、人员协作和知识创新等各方面的空间跨越。

随着时代的发展，数据已经成为各个领域进行决策及发展的基础，数据共享与业务协同已经成为各个部门必须面对的重要问题。由于不同部门的数据来源及数据存储方式不同，数据共享难度较大，同时存在数据安全和隐私保护等问题。下面将从跨部门数据共享的权限管理与控制、数据的格式标准化与共享方式设计、数据共享平台的建设与运营三个方面展开，阐述跨部门数据共享与业务协同的实现方法。

一、跨部门数据共享的权限管理与控制

跨部门数据共享需要考虑数据的权限管理与控制，避免敏感数据泄露和数据滥用。跨部门数据共享的权限管理与控制需要遵循以下原则：

（1）安全性原则。数据共享需要保证数据的安全性，防止数据泄露及滥用，确保数据的完整性和保密性。

（2）私有性原则。跨部门数据共享需要保证数据的私有性，防止不合法的数据共享行为。

（3）契约性原则。在进行跨部门数据共享时，应该建立数据共享的契约，明确数据共享的目的、范围、权限、使用方式等内容，保证数据共享的合法性。

在实现跨部门数据共享的权限管理与控制时，应该采用以下方法：

（1）根据数据敏感性，对数据进行分类处理。对于敏感数据，应该采用加密等手段进行保护，避免泄露。

(2) 建立数据共享的契约，明确数据共享的目的、范围、权限、使用方式等内容。

(3) 采用数据访问控制技术进行数据权限管理，保证数据的安全性和私有性。

二、数据的格式标准化与共享方式设计

跨部门数据共享需要考虑数据的格式标准化和共享方式的设计，避免数据相互矛盾和数据共享困难。数据的格式标准化与共享方式设计需要遵循以下原则：

(1) 标准化原则。采用国内外标准，规范数据格式和共享方式，确保数据的一致性。

(2) 普适性原则。数据格式和共享方式应该普遍适用于不同部门和系统，避免数据之间相互矛盾。

(3) 灵活性原则。数据格式和共享方式应该具有一定的灵活性，方便不同部门进行调整和修改。

数据的格式标准化与共享方式设计应该采用以下方法：

(1) 根据国内外标准，规范数据格式和共享方式。

(2) 对于不同部门的数据格式和共享方式进行统一调整和修改，确保数据的一致性和可共享性。

三、数据共享平台的建设与运营

建设数据共享平台是实现跨部门数据共享与业务协同必不可少的一步。数据共享平台的建设与运营需要遵循以下原则：

(1) 安全性原则。数据共享平台需要采用安全技术，确保数据的安全性和私有性。

（2）可扩展性原则。数据共享平台需要具备可扩展性，方便不同部门进行数据共享。

（3）容错性原则。数据共享平台需要具备容错性，避免因系统故障而导致数据共享失败。

数据共享平台的建设与运营应该采用以下方法：

（1）采用防火墙、入侵检测、数据加密等安全技术，确保数据的安全性和私有性。

（2）采用分布式架构与云计算技术，保证数据共享平台的可扩展性。

（3）采用高可用和容错技术，保证数据共享平台的稳定性和可靠性。

总之，数据共享与业务协同已经成为各个部门不可回避的问题，要实现跨部门数据共享与业务协同，需要采用跨部门数据共享的权限管理与控制、数据的格式标准化与共享方式设计、数据共享平台的建设与运营等方法，确保数据共享的安全性、可扩展性和容错性。同时，还需要保护数据隐私，确保数据的完整性和保密性。只有这样，才能建立一个有效的跨部门数据共享系统，为各个领域决策及发展提供有力的支持。

第四节　布局“数字新基建”，打造社会治理跨场景应用

自20世纪90年代以来，数字技术已经成为人们生产、生活、管理等方面的重要工具。随着互联网、物联网、大数据、人工智能等技术的快速发展和广泛应用，数字经济已经成为国家经济和社会

发展的重要动力和支撑。同时，数字技术的快速发展和广泛应用也为社会治理提供了新的手段和思路。数字新基建是指以数字技术为基础，推动数字化经济、推进数字化社会、优化数字化治理的行动计划和具体实践，以提升基础设施、产业创新、社会服务等方面的能力和水平。数字新基建目前已成为中国经济社会发展的重要方向和战略选择，是推进数字化转型的关键举措和支撑。

数字新基建的推进，既是数字化经济和社会发展的需要，也是优化社会治理和推进数字化转型的必要手段。社会治理跨场景应用是数字新基建的重要组成部分，它旨在打破行业和领域的界限，实现社会治理数据的跨场景互通和协同，提升治理能力和水平，构建数字化治理体系和智慧城市建设。数字化时代的到来，改变了人们的生活方式，同时也加速了各个行业的数字化转型。数字新基建作为新时代的代表性工程，在推动社会经济发展的同时，也为各个领域的数字化转型提供了新的契机。下面将从教育、医疗、公共安全和城市管理四个领域，详细阐述数字新基建的具体策略及其在社会治理跨场景应用中的作用。

一、教育领域

在数字化时代，教育仍然是促进社会发展的重要因素。数字新基建在教育领域的发展将加速教育数字化和智能化的进程，推动教育由传统的面授教育向移动、在线、智能化等多元教育方式转变。具体策略包括：

1. 远程教育平台建设

随着人口老龄化、城乡差距等问题的不断加剧，远程教育平台的建设将成为数字新基建在教育领域的一个重要应用。远程教育平台建设需要提供丰富的在线课程、优秀的视频播放技术、互动式教育、智能化的评估与管理等功能，同时要支持多终端使用，满足不同年龄、地域等多个需求。这将促进全民持续学习，构建“学无止境”的社会环境，进一步拓宽人们的职业和技能发展途径。

2. 智能辅导系统开发

AI 智能辅导系统是数字新基建在教育领域的一个新应用。该系统通过机器学习、语音识别等技术，实现个性化学习、作业批改、学习难点诊断等功能，提高学习效果，降低教育资源浪费。此外，该系统还可以作为在线教育平台的其中一个功能，实现真正的智能化教学。

二、医疗领域

数字新基建在医疗领域的发展将推动医疗行业数字化、信息化、智能化的升级，促进健康医疗服务的普及。具体策略包括：

1. 医疗信息化系统建设

医疗信息化系统是数字新基建在医疗领域的重要应用。该系统包括电子病历、医院信息管理、医生诊断、病历共享等多个模块，在医疗过程中提高了信息化管理、协同工作、医疗质量等多个方面的效率。同时，医疗信息化系统还可以实现大数据分析，预测流行病趋势和疾病预防，更好地服务于广大群众。

2. 互联网医疗服务平台开发

互联网医疗服务平台的开发将成为数字新基建在医疗领域的又一个重要应用。该平台将实现在线问诊、远程医疗、健康管理、药品配送等多个功能，改变传统医疗行业的服务模式，提高医疗资源的利用效率和医疗服务的覆盖面。

三、公共安全领域

公共安全是社会治理中至关重要的一环。数字新基建在公共安全领域的发展，将重点推动公共安全监管、反恐、态势感知、应急响应等方面的升级。具体策略包括：

1. 公共安全监控系统建设

公共安全监控系统建设是数字新基建在公共安全领域的重点应用。该系统包括视频监控、人脸识别、智能预警等多个模块，能够对重点区域、重要场所进行实时监控、预警和控制，提高公共安全管理效率，同时也可以提高警务人员的反应及处置能力。

2. 人工智能安保设备研发

数字新基建在公共安全领域的又一个重要应用是人工智能安保设备的研发。该设备可以实现人脸识别、智能语音询问、多模态事件触发等多种功能，可以帮助提高安保人员的工作效率和安全防范能力，完善公共安全防控体系，保障公共安全。

四、城市管理领域

数字新基建在城市管理领域的发展，将推动城市数字化、智能化建设，促进城市管理模式的升级和优化，提高城市居民的生活质量。具体策略包括：

1. 智慧城市平台建设

智慧城市平台建设将是数字新基建在城市管理领域的一个重要应用。该平台包括城市公共服务、城市交通、城市安全、智慧医疗、智慧环保、城市运营等多个模块，在城市管理过程中能够促进信息共享和集成，优化交通管理、环保管理、市政公共设施管理等多个方面的效率和服务质量。

2. 城市数字化管理系统开发

城市数字化管理系统是数字新基建在城市管理领域的一项基础工程。该系统需要对城市基础设施、交通、环保、公共服务等各个领域进行数字化、信息化、智能化建设，以提高城市管理的科学性、实效性和人性化。

总之，数字新基建在社会治理跨场景应用中的具体策略，将会促进各个领域的数字化、信息化、智能化建设，进一步扩大数字经济和数字社会的领域和规模，为提升社会治理效率、改善民生、促进经济发展和社会进步做出重要贡献。

第五节　提升领导干部数字素养，增强数字治理能力

提升领导干部数字素养是推进网络强国和数字中国建设的基础性、战略性、先导性举措，是全面打造紧跟数字化时代发展步伐的干部队伍的必然要求。在深入推进数字化改革的大背景下，领导干部应抓住机遇、乘势而上，切实将思想和行动统一到中央和省委决策部署上来，解放思想、创新理念、先行先试、真抓实干，不断提高数字化改革的把握力、引领力、驾驭力，努力创造更多数字化应用成果，争当数字化改革的开路先锋。领导干部应增强自身利用数据推进各项工作的本领，增强数字政府效能，不断提升自己的数字素养和数字治理能力；在解放思想上有新境界，通过知识的更新，在思想观念上破旧立新，把解放思想、更新观念作为推动工作的重要动力，把打造数字中国转化为具体思路、体制机制和政策措施，

以自身数字素养的提升助力中国式现代化。[①]

一、坚持数字素养建设的统筹规划、协同推进

（一）强化系统观念，纵向统筹推进

随着数字时代的到来，对领导干部数字化素养有了更高的要求，领导干部只有提升数字素养，才能强化驾驭本职工作的能力，进而适应经济社会的发展需要。将提升领导干部数字素养融入到数字中国战略中，明确提升的重要性，立足实际情况制定领导干部数字素养整体规划和数字素养体系框架，提出可参考、可操作的建设方案。以数字化改革为引领撬动体制机制改革，使干部持续强化数字化理念、深化数字化认知、用好数字化手段，通过培养领导干部学习的积极性、主动性和创造性，改善学风，通过数字素养的增强，提升服务效能，助力领导干部有底气、有能力在推动治理体系和治理能力现代化中发挥才智。

（二）发挥高层领导干部示范带头作用，自上而下推动数字素养建设

各组织中的高层领导是推动该组织开展数字素养建设的重要推动力。因此，要推动整个组织的数字素养建设首先应当加强组织中高层领导的数字素养宣传、贯彻教育，引导干部正确把握数字化改革与解放思想的关系，提升干部对数字化改革的透彻理解和深刻领悟，让广大干部认识到数字化改革不是对已有经济社会和政府治理形态做简单加减法，而是一场全方位、系统性的创新实践，需要广

① 张晓松、朱基钗：《出席全国网络安全和信息化工作会议并发表重要讲话，习近平系统阐述网络强国战略思想》，载《人民日报（海外版）》2018年4月22日第1版。

大领导干部在作风转变中解放思想、推动数字中国实践。

（三）横向联动，加强跨部门协同合作

组建跨专业、跨年龄、跨部门的数字化协作小组，跨部门开展数据分析，创新数据运用实践，将好的做法及时提炼总结，形成可推广、可复制的经验。鼓励信息化部门辅助业务部门开展数字技能的培训，助推业务部门数字化思维的形成，帮助不同层面数字素养水平的领导干部尽快提升数字化技能，开展数字化工作。以更多看得见、摸得着的数字化场景引导广大领导干部主动提升数字化能力水平，不断增强领导干部推动数字化改革走深向实的信心，有效解决领导干部数字素养发展不平衡的问题。

二、提升领导干部对数字素养的认识

（一）正确认识政府数字化转型

领导干部必须全面准确地认识政府数字化转型带来的机遇与挑战，才能充分地做好提升数字素养的准备。政府数字化转型是思维方式的转型，政府数字化转型与每个领导干部息息相关，需要每个领导干部都具备基本的数字技能以及与自身岗位职责相关的数字技能，适应数字化工作环境，并能够创新工作模式和业务流程。全面推动智治变革，加快政府数字化转型迭代升级，不断深化领导干部对数字化改革内涵的认识，坚持问题导向，带着问题学，才能学有目标，学有动力，实现学以致用，夯实担当作为的能力基础，以数字化思维来推动数字化改革，让数字化思维创造性推动政府治理能力现代化，推进智治变革的深度谋划、组织实施、有效落地。

（二）树立正确的数字素养观念

进一步强化数字化理念、深化数字化认知、用好数字化手段，营造一体推进、比学赶超的浓厚氛围，达到再学习、再教育、再启发、再提升的效果。领导干部作为数字政府的建设者，必须认识到提升自身数字素养的战略重要性和任务急迫性，肩负起时代和人民赋予的责任；要深刻领会数字素养是一种综合能力的体现，应当用开放、包容的眼光看待数字素养，广泛涉猎宽博多面的知识领域；更要树立终身学习的理念，学习是丰富思想的基础，思想是行动的支撑，思想上有进步，才能敢于作为、勇于担当，不断更新知识，在已有模式和体系上进行创新和实践，丰富数字素养的内涵。[①]

三、坚持培养锻炼，紧跟数字时代发展步伐

（一）引导领导干部弘扬伟大建党精神、发扬优良学风

引导领导干部甩掉年龄、学历、资历等思想包袱和认识框架，主动拥抱时代变革，强化数字化思维，刻苦学习掌握数字化相关技能，练好数字化能力基本功，激发出数字化时代领导干部敢干事、善担当的巨大才智。引导领导干部把握经济社会发展脉搏、关注数字技术发展亮点、吃透国家政策引导走势，在了解大势、把握大势中借势发力、顺势而上，以数字化培育壮大新动能，以新动能推动高质量发展。激励领导干部数字化能力创造性转化，鼓励积极探索、勇于实践、善于推动，进而实现领导干部在数字时代促改革有巨变的点子、谋发展有裂变的实招、干工作有迭变的方法。

---

① 李自强:《数字政府让治理更精准》，载《中国纪检监察报》2021 年 1 月 12 日第 5 版。

（二）加大干部挂职锻炼、多岗位交流、外派学习力度

通过引导各单位各部门将挂职锻炼、多岗位交流作为提升干部数字化能力的重要举措，把外派学习作为开阔视野、转变观念、学习借鉴先进经验的重要途径，进而推动领导干部观念变革、思维转型、知识重构和能力升级，力求让领导干部在实践中增进数字化能力，最终达到强理论、拓视野、累经验的实效。

四、完善领导干部教育培训体系

（一）提升学习内容的针对性

加强公务员数字化知识与技能培训是当前提升领导干部数字素养的首要举措。在培养领导干部数字素养方面，着重强调数字化技能、相关数字化工作积极性和专业精神的培养，引导领导干部出色完成工作。应把提高党员领导干部数字治理能力作为各级党校（行政学院）的重要教学培训内容，引导领导干部运用网络了解民意、开展工作，在领导干部选拔任用中加强数字能力方面的考察。摸清不同层次、不同级别领导干部数字素养的现状，掌握存在的盲点、误区，及时开发数字素养系列课程，全面提升各级领导干部对数据的价值认同和专业认识。加强数字技能职业培训，突出培训内容与岗位需求相对接，提高培训的有效性，帮助领导干部有针对性地更新知识、增强能力。围绕“数字政府”“数字经济”“新基建”“人工智能”等内容开展知识普及性培训，帮助领导干部弥补知识弱项、能力短板、经验盲区，使领导干部学懂弄通，促进领导干部全面提高适应新时代、实现新目标、落实新部署的能力；鼓励领导干部在学习先进地区发展经验和先进理念过程中，增强改革创新意识，敢

于善于破除原有的思维定式，提高用数字视角、数字思维、数字技能来审视和推动工作的能力。通过培养拥有数字化意识、技能等方面的骨干，助推数字化转型，积极开展数字人才储备的培育和教育工作，形成多层次全方位的领导干部培育体系。

（二）创新领导干部数字素养培训模式

不同年龄、专业背景、工作性质的领导干部所具备的数字素养基础不同，工作所要求的数字能力也不尽相同，在开展数字素养培训过程中，要充分考虑不同领导干部群体的特性，根据不同岗位特点，制定培训方案，分级分类分层次推进，采取多样化、灵活的教学培训模式。同时，运用现代信息技术开展培训，鼓励领导干部自主开展数字学习。充分利用大数据、“互联网+”、5G 等技术手段，建立网络培训体系，促进领导干部数字素养教育培训信息化，提升空余时间学习效率，借助数字平台和资源灵活开展在线自我学习，建设学习型公务员队伍。

五、健全提升领导干部数字素养体制机制

（一）建立领导干部数字素养评价机制

数字素养评价机制的建立能够全面、系统、科学地衡量领导干部的数字素养水平，细化各项评价指标，通过对应各项指标，使领导干部更加直观、具体地了解在数字素养方面自身存在的短板，进而完善提升。

（二）完善领导干部数字素养考核激励机制

将领导干部数字素养考核纳入日常考核体系中，通过考核激发

领导干部从思想上高度重视数字素养的提升，从行动上积极开展数字素养的学习，进而形成教育和自主学习的合力。此外，将考核结果与领导干部选拔任用、奖励惩戒相挂钩，作为考核的重要依据。为重视数字素养、数字素养高的领导干部提供广阔的深造机会，以强化实践锻炼为着力点，优化领导干部成长路径，将数字技术人才放到关键岗位任用，让领导干部数字素养考核机制充分发挥价值，形成提升领导干部数字素养和职业素质的内在驱动力。

参 考 文 献

《江宁淳化打造数字“智”理模式激活基层“能量引擎”》，载《南京日报》2023 年 12 月 20 日第 A05 版。

《强化数字技术赋能应用 提升基层社会治理效能》，载《中国建设信息化》2023 年第 21 期。

《陕西榆林榆阳区马合镇：数字经济“兴”农记》，载《农业科技报》2023 年 8 月 30 日第 3 版。

艾尚乐：《数字技术赋能社会治理的现状、问题与策略研究》，载《科技创新与生产力》2023 年第 12 期。

白雪峰：《数字赋能县域社会治理的平定实践》，载《山西日报》2023 年 11 月 8 日第 5 版。

鲍静、贾开：《数字治理体系和治理能力现代化研究：原则、框架与要素》，载《政治学研究》2019 年第 3 期。

曹庭：《数字时代的人民法庭制度及其功能定位》，载《法学》2023 年第 11 期。

柴宝勇、陈若凡、陈浩龙：《中国网络内容治理政策：变迁脉络与工具选择——基于政策文本的内容分析》，载《中南大学学报（社会科学版）》2023 年第 5 期。

陈东洋、顾杰：《乌卡时代政府领导能力的进阶之道》，载《领导科学》2024 年第 1 期。

陈广娟：《源头治理成就相城样板》，载《江苏法治报》2023 年 8 月 18 日第 A01 版。

邓焕鑫、苏勇、唐万贵：《以数字建设破解基层社会治理难题》，载《四川法治报》2023 年 8 月 31 日第 6 版。

翟月荧：《数字场域中的社会治理共同体：建构逻辑、现实困境与路径选择》，载《河南社会科学》2023 年第 9 期。

翟云、程主、何哲等：《统筹推进数字中国建设 全面引领数智新时代——〈数字中国建设整体布局规划〉笔谈》，载《电子政务》2023 年第 6 期。

范明志、张智豪：《数字社会治理体系中的平台自治纠纷解决机制》，载《数字法治》2023 年第 4 期。

冯贺霞、李弢、李赟：《转型与变革：数字治理理论前沿与实践进展》，载《社会治理》2023 年第 1 期。

郭晔：《论中国式社会治理现代化》，载《治理研究》2022 年第 3 期。

郝思斯：《以数字化助推社会治理现代化》，载《中国纪检监察报》2023 年 11 月 7 日第 5 版。

何美：《打造数字智慧“大脑”赋能市域社会治理》，载《北海日报》2024 年 1 月 9 日第 5 版。

何永利：《“一中心一张网十联户”：贵州基层数字治理的新实践》，载《贵州法治报》2023 年 11 月 13 日第 1 期。

洪俊杰：《探索智能化改革，减少“证明难题”》，载《解放日报》2023 年 12 月 3 日第 6 版。

黄钰婷、谢思娴、徐青山等：《数字社会治理的理论逻辑与创新实践模式》，载《社会治理》2023 年第 2 期。

金代志、赵宁、王涵：《创新高校治理：数字技术的加入、融入与嵌入》，载《高校后勤研究》2023 年第 8 期。

康冀楠：《向“数”而行赢未来》，载《开封日报》2023 年 8 月 8 日第 3 版。

李超：《坚持治制融和 营造和谐美》，载《重庆日报》2023 年 12 月 18 日第 12 版。

李净净、马良灿：《“数字下乡”的技术结构化实践过程探析——以 Z 县基层社会治理创新数据平台为例》，载《党政研究》2023 年第 5 期。

李石：《数字治理的优势与隐患》，载《学习与探索》2023 年第 10 期。

厉国刚：《数字时代社会治理的新模式——以浦江县“民情暖哨”为例》，载《新闻前哨》2023 年第 16 期。

梁俊山、董江爱：《数字吸纳：公众网络参与城市社会治理的实现路径研究——基于对“忻州随手拍”的经验分析》，载《中共福建省委党校（福建行政学院）学报》2023 年第 3 期。

廖小丹、吴艳东：《中国式数字文明的伦理意蕴、发展趋势及建构理路》，载《学术探索》2023年第9期。

林嘉、罗寰昕：《数字权力治理中的社会法定位与进路》，载《东南学术》2023年第6期。

林晶晶：《习近平关于数字治理重要论述在社会治理中的实践价值》，载《福州党校学报》2023年第2期。

凌雪敏、张浩洋、陈敏锐：《“数智”如何赋能社会治理?》，载《江门日报》2023年12月9日第A02版。

刘冬、吴永忠：《代际公正视域下数字民生科技应用的社会治理探赜》，载《哈尔滨工业大学学报（社会科学版）》2023年第6期。

刘京锋、李秀明：《以社会治理创新视角推进基层“数字+检察”深度融合》，载《公民与法（综合版）》2023年第8期。

刘娜：《数字档案赋能市域社会治理现代化路径分析》，载《档案》2023年第9期。

刘学：《数字平台参与社会治理的三重角色——基于组织的视角》，载《浙江社会科学》2023年第11期。

卢良栋、魏玖长：《基于数字平台的社会风险协同治理模式研究》，载《广州大学学报（社会科学版）》2023年第6期。

毛阳、高瑞羚、肖梦阳：《数字检察助推市域社会治理现代化》，载《襄阳日报》2023年11月25日第1版。

孟庆国、郭媛媛、吴金鹏：《数字社会治理的概念内涵、重点领域和创新方向》，载《社会治理》2023年第4期。

孟天广：《以数字政府建设助推中国式现代化》，载《前线》2023年第10期。

聂政：《数据治理、数字治理与数智治理：数字政府的治理逻辑》，载《辽宁行政学院学报》2023年第5期。

任德靖：《“国家政策—数字技术”赋能市域社会治理现代化的实证研究》，载《中共银川市委党校学报》2023年第6期。

宋锴业、徐雅倩：《跨组织边界的多边调节：数字平台何以赋能社会治理?——平台型社会治理的经验探索》，载《华南师范大学学报（社会科学版）》2023年第6期。

唐涛：《深耕数字科技 赋能社会治理——专访厦门市巨龙信息科技有限公司董事长刘旸》，载《中国安防》2023年第10期。

田毅鹏、郝子仪：《数字化背景下基层智治平台泛化及社区调适——以浙江省衢州市“邻礼通”为例》，载《吉林大学社会科学学报》2023年第6期。

王典、陈涛：《以数字技术助力中华民族共同体教育的创新》，载《中南民族大学学报（人文社会科学版）》2023年第11期。

王亮、范叶飞：《全民健身数字治理体系：治理框架、基本特征与实现路径》，载《湖北体育科技》2023年第10期。

王萍、张雅新：《青岛融媒体深度参与社会治理的路径》，载《全媒体探索》2023年第8期。

王志立、刘祺：《数字赋能市域社会治理现代化的逻辑与路径》，载《中州学刊》2023年第2期。

魏礼群、陈存根、李德水等：《中国式现代化与社会治理》，载《社会治理》2023年第2期。

魏钦恭：《数字时代的社会治理：从多元异质到协同共生》，载《中央民族大学学报（哲学社会科学版）》2022年第2期。

文军、敖淑凤：《社区数字治理中的不确定性风险及其应对策略》，载《吉林大学社会科学学报》2023年第6期。

吴春：《大数据驱动的山东省协同化数字社会“智理”新路径研究》，载《北方经济》2023年第10期。

向春玲、李赟：《数字治理助推中国式现代化的实践策略》，载《治理现代化研究》2023年第6期。

谢琦：《社会治理智能化背景下党的数字领导力的整体性逻辑及其阐释》，载《行政论坛》2023年第4期。

徐艳晴、姚洪：《供需视角下重大突发公共卫生事件数字治理研究》，载《中国行政管理》2023年第10期。

杨建军：《数字治理的法治进路》，载《比较法研究》2023年第5期。

杨琪琪：《“数字青岛”赋能社会治理现代化》，载《青岛日报》2023年12月22日第1版。

杨文帅：《数字时代市域社会治理的拓扑模式》，载《北京理工大学学报（社会科学版）》2024年第1期。

袁琳：《全媒体传播体系赋能基层社会治理：功能、模式与建议》，载《教育传媒研究》2023年第5期。

岳平、苗越：《社会治理：元宇宙的风险及规制》，载《河南警察学院学报》2023年第4期。

战志辉、王榆婷、梁立涛:《数据要素背景下满足公众数字政务数据需求的路径研究》，载《中国管理信息化》2023 年第 21 期。

张梁、董茂云:《“数字法治政府”: 概念认知、机理阐释、路径塑造与机制构建》，载《求实》2023 年第 5 期。

张鑫:《老年数字鸿沟的生成逻辑与治理策略》，载《江苏社会科学》2023 年第 6 期。

章涵信:《强制性标准在数字社会治理中的作用》，载《中国标准化》2023 年第 S1 期。

赵杰:《新时代领导干部数字化能力提升的三维审视》，载《领导科学论坛》2023 年第 12 期。

赵树凯、张静、张乐天等:《中国式现代化视域下的基层社会治理——学习贯彻党的二十大精神专家笔谈》，载《治理研究》2023 年第 4 期。

赵祥云、赵晓峰、王春凯:《数字技术应用如何影响农村居民社会治理效能感？——基于全国 11 省份农户调查数据的实证分析》，载《电子政务》2024 年第 2 期。

周怡靓、严三九:《互动性视域下的媒介技术与城市社区转型——以上海 F 小区为例》，载《新闻大学》2023 年第 9 期。

朱婉菁:《元宇宙赋能政府数字治理的三维释读: 逻辑理路、总体方略与关键问题》，载《河海大学学报（哲学社会科学版）》2023 年第 5 期。

后　记

数字社会治理是中国式现代化与新时代社会治理实践的重要主题。作为数字中国战略的重要组成部分，数字社会建设对提升社会治理效能具有重要的现实意义。处于中国式现代化的特定时空方位下的社会治理蕴涵着更多的理论增长和创新的空间，深入探究数字治理的概念边界、赋能机理和濡化过程，以数字治理作为新动能开辟中国式现代化之新境界，已成为亟须回应的时代课题。

中国式现代化作为人口规模巨大的现代化，社会治理是现代化进程中必然面对的挑战和难题。作为社会治理面向中国式现代化的重要体现，数字社会治理的核心仍然是人，在凸显技术优势的同时如何更好地体现人的意志和情感，让技术手段成为沟通政府与民众、国家与社会的良好桥梁而非阻碍，最大限度地发挥数字技术的治理效能，同时将数字社会治理纳入学理研究范畴及国家治理的宏大场域是本书写作的重点。

本书植根于社会治理领域的传统理论，融入数字治理领域的新兴理论，包括数字治理、协同治理、公共价值理论等在内的多种理论谱系拓宽数字社会治理的研究面向，既突破数字技术嵌入社会治理在部门协作、应用场景等领域面临的现实梗阻，又针对治理体系和治理能力建设中的问题进行系统分析，提出数字社会治理高质量发展的因应之策，为中国式现代化建设夯实国家治理体系基础。

此外，本书的研究还不够丰富和全面，难免存在一些不足和错误之处，恳请广大读者给予批评指正。同时，本书的顺利出版离不开领导、同事、家人、出版社编辑的大力支持和帮助，在此一并表示最真挚的敬意和谢意！

王　雨

2024 年 2 月